O GRANDE SALTO PARA O CAOS

CB131300

BRASIL OS ANOS DE AUTORITARISMO
análise · balanço · perspectivas

Consultores: EDSON DE OLIVEIRA NUNES, *cientista social (Iuperj)*
LINCOLN PENNA, *professor de história (UFRJ)*
MATINAS SUZUKI, *jornalista (Folha de S. Paulo)*

Coordenadora editorial: ANA CRISTINA ZAHAR

Os Despossuídos: Crescimento e Pobreza no País do Milagre, *Sérgio Abranches*
Televisão & Vídeo, *Fernando Barbosa Lima, Gabriel Priolli e Arlindo Machado*
A Militarização da Sociedade, *Clóvis Brigagão*
A Igreja e o Autoritarismo, *Marcos de Castro* (Prefácio de Frei Betto)
O Golpe na Educação, *Luiz Antônio Cunha e Moacyr de Góes*
Nova República?, *Florestan Fernandes*
O Brasil no Mundo, *Paulo Francis*
A Política Científica e Tecnológica, *E. A. Guimarães, F. Erber e J. Tavares*
Sociedade e Política, *Helio Jaguaribe*
O Teatro sob Pressão: Uma Frente de Resistência, *Yan Michalski*
A Reconquista da Terra, *Carlos Minc*
Justiça e Autoritarismo, *F. A. de Miranda Rosa*
Ciência e Universidade, *Cláudio Moura Castro*
A Política Nuclear e o Caminho das Armas Atômicas, *Luiz Pinguelli Rosa*
Economia: Milagre e Anti-Milagre, *Ignacio Rangel*
Carnaval: Da Redentora à Praça do Apocalipse, *Roberto M. Moura*
A Questão Urbana, *Benício Schmidt e Ricardo Farret*
Repartição da Renda, *Paul Singer*
Literatura e Vida Literária, *Flora Sussekind*
O Grande Salto para o Caos, *Maria da Conceição Tavares e J. Carlos de Assis*
A Deformação da História ou Para Não Esquecer, *J. L. Werneck da Silva.*
O Desafio do Cinema, *Ismail Xavier, Jean-Claude Bernardet e Miguel Pereira*

Maria da Conceição Tavares
J. Carlos de Assis

O Grande Salto para o Caos

segunda edição

O PLANO CRUZADO
em posfácio

Jorge Zahar Editor
Rio de Janeiro

Copyright © 1985, 1986, Maria da Conceição Tavares
e José Carlos de Assis

Todos os direitos reservados.
A reprodução não-autorizada
desta publicação, no todo ou em parte,
constitui violação do copyright. (Lei 5.988)

1985
Direitos para esta edição contratados com
Jorge Zahar Editor Ltda.
rua México 31 sobreloja
20031 Rio de Janeiro, RJ

Segunda edição: 1986

Ficha técnica
Revisão: Carlos Alberto Medeiros (copy); Robson Ramos, Cláudio Estrella e Renato Carvalho (tip.); *Projeto gráfico:* Ana Cristina Zahar; *Arte-final:* T. Fernandes (capa); José Geraldo de Lacerda (texto); *Composição:* Alcomp Ltda.; *Impressão:* Graphos

CIP-Brasil. Catalogação-na-fonte
Sindicato Nacional dos Editores de Livros, RJ

Tavares, Maria da Conceição.
T231g O Grande salto para o caos : a economia política e a política econômica do regime autoritário / Maria da Conceição Tavares, José Carlos de Assis. – Rio de Janeiro : Jorge Zahar Ed., 1985.

(Brasil : os anos de autoritarismo)

1. Crise econômica 2. Brasil – Condições econômicas, 1964- 3. Brasil – Política econômica, 1964- I. Assis, José Carlos de II. Título III. Série

CDD – 338.54098108
330.98108
85-0657 338.98108

ISBN: 85-85061-22-7

Sumário

Prefácio à segunda edição, 6

Prólogo, 7

I. O Sentido da "Revolução" de 64:
A MODERNIZAÇÃO AUTORITÁRIA, *11*
Da teoria à prática, *16*
As reformas institucionais, *16*
A política de estabilização, *22*
A transição para o autoritarismo cabal, *25*

II. O Despertar dos Mágicos:
O "MILAGRE" ECONÔMICO DE 68/73, *29*
Os ingredientes tópicos da magia, *30*
A arquitetura perversa do "milagre", *37*

III. Do "Milagre" à Megalomania:
O SONHO DA GRANDE POTÊNCIA, *42*
A ortodoxia de compromissos, *48*
A exacerbação do endividamento, *57*
Do sonho à realidade, *60*
A transição para a economia da "abertura", *64*

IV. A Reversão da Magia:
A ADMINISTRAÇÃO DO CAOS, *69*
O "segundo" Delfim no primeiro "ajuste", *74*
Sob as asas do FMI, *78*
O novo "arrocho" e o caos financeiro, *84*

Epílogo
O Legado à Nova República:
O ENCILHAMENTO FINANCEIRO GERAL, *89*
O endividamento externo brasileiro, *91*
A ruptura do sistema internacional de crédito, *96*
O encilhamento interno, *100*

Posfácio, *106*

Sobre os Autores *123*

Prefácio à Segunda Edição

A reconstituição dos aspectos centrais da política econômica do autoritarismo, a que nos dedicamos neste livro, teve como propósito demarcar o roteiro da profunda crise que o regime derrogado legou à Nova República. A memória histórica tem múltiplos atrativos. Mas seu interesse fundamental, do ponto de vista social e político, é pedagógico. Não foi por mera casualidade que se desestruturou o sistema de financiamento do setor público e da economia em geral, nem que se perdeu o controle do processo inflacionário na economia dos cruzeiros. Conhecer a trilha dessa degeneração faz parte do esforço de superá-la.

Tal conhecimento era importante para acentuar a gravidade da crise econômica com que nos deparávamos, e por certo continuará útil a fim de se estabelecer o confronto necessário a uma avaliação objetiva do plano de estabilização econômica adotado pelo Governo Sarney. Se é certo que as sociedades não se colocam desafios insuperáveis, o plano cruzado demonstrou que, sobretudo no campo da economia política, já se deu o passo inicial decisivo para a superação da crise, por se romper a rede de interesses que se beneficiava da economia inflacionária e generalizadamente indexada.

O Posfácio que anexamos à presente edição, um ano após o lançamento da primeira, não pretende ser uma exposição extensiva do plano cruzado. É uma apreciação seletiva de suas virtualidades principais, como instrumento de abertura de novos horizontes para a economia e a sociedade brasileiras depois do "grande salto para o caos" sob o autoritarismo.

Rio, setembro de 1986
Os Autores

Prólogo

Nos Estados modernos, a gestão da política econômica constitui a principal instância, nas relações entre governo e sociedade civil, onde são propostos e arbitrados os conflitos de interesse das classes e dos diferentes grupos sociais. Da sua direção dependem, concretamente, a distribuição dos fluxos de renda dentro da economia e dela para o exterior; a taxa de lucratividade das empresas e a remuneração real da classe trabalhadora; as formas de crédito e do financiamento privado e do setor público.

No Brasil, vem das raízes de nossa formação histórica a tradição centralizadora do Estado e o caráter heterogêneo da sociedade. Mas a intervenção estatal crescente na economia é uma característica que se acentuou sobretudo na década de 20, assumindo forma irreversível a partir da crise de 30. O "Estado-desenvolvimentista" que daí surgiu tem-se definido por um pacto político de dominação que em geral se mostrou flexível para incorporar as novas elites emergentes do desenvolvimento capitalista e estratos crescentes das classes médias. A cooptação ou excludência de setores mais amplos da população trabalhadora é que tem variado, com movimentos espasmódicos de maior ou menor autoritarismo e pequenos interregnos de democratização, quando as pressões populares se manifestam de modo mais ou menos agudo.

No regime autoritário que prevaleceu no Brasil nas duas últimas décadas, a intervenção centralizadora do Estado e o processo de excludência de participação política de qualquer segmento da sociedade, que não a *elite de poder,* foram levados a um paroxismo sem precedentes na história republicana. As sucessivas políticas econômicas foram o instrumento privilegiado dessa intervenção nos domínios da economia social, sem contrapeso significativo de forças atuantes no nível da sociedade e de forças concorrentes no nível do próprio Estado. A pretexto de materializar os propósitos gerais do Estado no plano econômico e social, o regime autoritário excluiu de suas cogitações práticas o grosso da população brasileira e terminou por beneficiar escandalosamente a minoria que privava da intimidade do poder palaciano.

A compreensão ampla desse período requer alguns lineamentos de economia política que desvendem a evolução do pacto de poder, desde a "restauração liberal-conservadora" do primeiro governo "revolucionário", passando pela radicalização do esquema militar, até terminar na ruptura dos mecanismos conjuntos, econômicos e políticos, de sustentação do regime. Requer também um acompanhamento mais detalhado das medidas de política econômica, que são a expressão prática da mudança tanto das condições gerais da economia como das condições de gestão do próprio pacto político de dominação através do aparelho de Estado.

O ciclo do autoritarismo tecnocrático-militar, inaugurado em 1964, não seguiu uma direção coerente de política econômica – nem poderia seguir, pois uma disputa de poder real, que levou o Estado aos limites do autoritarismo extremo e depois o trouxe de volta à "abertura", bloqueou a possibilidade de cristalização de um pacto estável de dominação política. Contudo, como essa disputa esteve adstrita ao círculo das elites dirigentes, protegido pelo poder militar das incursões perturbadoras da classe trabalhadora, das classes médias politicamente insatisfeitas e até de certas elites dominantes descontentes, a política econômica teve em seu conjunto uma única coerência: a da exclusão, mantendo segregada dos frutos do processo de desenvolvimento quase metade da população brasileira.

A esse processo excludente interno, que foi delimitando no perfil social as zonas de acesso restrito ao progresso material, correspondeu um movimento firme e acelerado de extroversão financeira da economia mediante a crescente internacionalização de seu setor moderno atado ao crédito bancário internacional. O leitor notará nossa ênfase nesse aspecto particular da evolução da economia brasileira, em comparação com a exposição sumária que dedicamos a outros temas – tais como a transformação da base industrial, o avanço do capitalismo agrícola, a urbanização descontrolada, a "modernização" dos padrões de produção e consumo.

Essa ênfase não é casual. A extroversão financeira da economia conduziu ao estado de encilhamento geral em que nos encontramos, do ponto de vista tanto interno quanto externo. A dívida externa e a dívida pública interna tornaram-se os condicionantes explícitos de qualquer ação anunciada pelo novo governo, no plano econômico, de tal forma que ou se tomam decisões tímidas com a ressalva acanhada de seus efeitos nefastos sobre o problema da dívida, ou não se tomam decisões de espécie alguma por causa da dívida. O presidente Sarney teve quase de pedir desculpas ao resto do País por insistir na prioridade ao Nordeste. Mas o governo como um todo, após duas décadas de desprezo absoluto do regime autoritário pelo atendimento a necessidades básicas e de sobrevivência de quase metade da população brasileira, não pôde, até hoje, entrar num acordo quanto à execução de um significativo programa de emergência com vistas a reparações mínimas dos estragos provocados pela dívida social herdada. Isso, alegadamente, por causa da dívida.

Na realidade, a dívida externa foi repassada à atual administração pública como um problema de política econômica, quando de fato é o vínculo material mais ostensivo para subordinar a Nova República aos princípios de economia política que prevaleceram sob o autoritarismo. É um paradoxo. O regime autoritário que permitiu a célere acumulação da dívida externa não cuidou de redistribuir as "vantagens" imediatas do endividamento, concentrando-as nos poucos grupos que tinham acesso direto ou indireto ao crédito externo; isso não deve surpreender, pois o regime não tinha escrúpulos de se apresentar como autoritário e justificar a exclusão "temporária" de parte da população dos benefícios do desenvolvimento como um requisito do processo de acumulação. Mas agora, quando a instauração da democracia pressupõe o atendimento prioritário de demandas sociais longamente reprimidas, os custos intoleráveis do endividamento prévio são lançados a débito da sociedade inteira, como se toda ela tivesse partilhado do festim da acumulação. Essa é a essência da economia política que está implícita nos gestos declaratórios que nos tentam empurrar para a reiteração do compromisso incondicional de pagar *toda* a dívida, quaisquer que sejam seus custos, no tempo e na forma determinados pelo regime anterior, em conluio com os financistas internacionais.

Decerto que nessas duas últimas décadas mudou substancialmente a base material da economia brasileira, em termos de capacidade produtiva e de absorção e geração de tecnologia. Contudo, essa base industrial e tecnológica modernizada está prisioneira da armadilha financeira que, se antes lhe serviu de impulso, agora lhe cria embaraços para a retomada de uma nova etapa de expansão. Estamos convencidos de que, se não for rompida a armadilha do endividamento através da renegociação das condições da dívida externa e da dívida pública interna, será impossível não só reorganizar a estrutura de financiamento indispensável ao aproveitamento das potencialidades econômicas previamente acumuladas, como também estas se arriscam a se deteriorar. A expansão anterior se fez sobre um pilar de forças financeiras autodestrutivas, que somente uma reestruturação saneadora poderá reorientar no sentido da recuperação da economia e, oxalá, de um novo estágio de desenvolvimento.

O leitor nos desculpará, pois, a insistência no exame relativamente mais detalhado dos aspectos financeiros da evolução da economia brasileira sob o autoritarismo. Se a história é a mestra de todas as ciências, como ensinou Cícero, só há sentido no relato histórico quando contribui para a orientação racional do processo de construção do futuro. Esperamos que este nosso relato facilite a compreensão da natureza do encilhamento em que o regime autoritário nos meteu e auxilie a tornar claros os problemas de sua superação.

Finalmente, um esclarecimento quanto à forma. Jorge Zahar Editor nos propôs separadamente os dois temas: a economia política e a política econômica do regime autoritário. Entendemos que, pela interseção recorrente de ambos os temas no processo de evolução concreta da ação econômica do Estado, nesse período, aproveitaria mais à "economia" do texto que fossem tratados conjuntamente. No entanto, destacamos as passagens mais identificadas com a análise da economia política, para facilitar ao leitor situar-se no plano geral da exposição.

Essa maneira de exposição, junto com o nosso propósito de dar tanta clareza quanto possível às questões técnicas – requisito, também, da Editora – nos levou eventualmente a sermos repetitivos. Isso era de alguma forma inevitável quando retomamos alguns aspectos relevantes da política econômica sob a ótica da economia política. Se com isso tivermos sido realmente bem-sucedidos, quanto ao propósito da clareza, esperamos que o leitor nos perdoe alguma deselegância de estilo.

Rio, junho de 1985
M.C.T. e J.C.A.

I. O Sentido da "Revolução" de 64: A Modernização Autoritária

O fim de um ciclo expansivo nas sociedades capitalistas sempre faz emergir contradições no plano econômico e social. No Brasil, assim como noutros países latino-americanos de forte presença do Estado e onde a sociedade civil é heterogênea e debilmente organizada, a crise econômica de fim de ciclo se traduz também, invariavelmente, em crise política. Assim aconteceu em 29/30. O mesmo ocorreria em 54.

A crise de 1964, contudo, se revelou muito mais aguda que a imediatamente anterior. Além de uma crise de governo, deu lugar a uma crise do regime e à ruptura do próprio pacto político que prevalecia desde o pós-guerra. O Estado populista, resultante do compromisso da elite modernizante de 30 com os setores populares, rompeu-se com a intervenção militar. Esta, embora apoiada na ideologia liberal-conservadora das classes dominantes, não veio, como logo ficou claro, para restabelecer uma democracia liberal-conservadora de estilo clássico. Ao contrário. Veio para afirmar, modernizar e tornar mais abrangente o papel do Estado na sociedade e na economia, através de um restrito pacto de dominação entre elites civis e militares, sob os aplausos das classes médias assustadas com o turbulento período anterior. Sob esse pacto, mudanças institucionais impostas autoritariamente garantiriam condições favoráveis à retomada de uma nova etapa de desenvolvimento capitalista no Brasil.

O sentido mais amplo que se pode extrair do impulso original do longo processo iniciado em 64 é o dessa reestruturação do aparelho de intervenção do Estado em todos os seus níveis, do econômico ao político. Começou pelas reformas financeira e fiscal de Bulhões-Campos, passou pela reforma administrativa interna do setor público e complementou-se no novo sistema de inteligência militar, o SNI do general Golbery do Couto e Silva – incumbido este de desempenhar, de forma "eficaz", parte da função para a qual os partidos políticos, embora remodelados autoritariamente, não seriam de se confiar: a intermediação entre a vontade social conflituosa e dispersa da Nação e o Executivo estruturado segundo o estereótipo da coesão imposta pela ordem castrense.

As reformas econômicas serão objeto de uma exposição mais detalhada, adiante. Quanto à reforma administrativa de 67, ficou pela metade. Limitou-se aos aparelhos descentralizados de gestão do Estado – as empresas públicas, mistas e autarquias –, deixando intocado e à margem do processo modernizador o serviço público direto, prisioneiro das teias do velho DASP (Departamento de Administração do Serviço Público), do marasmo burocrático, das carreiras imobilizadas, malremuneradas e não-renovadas. O horror ao "empreguismo" público manifesto pelos novos gestores do Estado deixou os *barnabés* a ver navios, enquanto criava na administração indireta modernas burocracias estatais bem-remuneradas, que constituíram a base social para a construção dos famosos "anéis burocrático-militares" que ocuparam os aparelhos de gestão do segmento modernizado do Estado.

Também se anunciaram grandes reformas sociais. Mas ou nunca passaram das intenções escritas, como o Estatuto da Terra, ou foram simples exercícios retóricos ou demagógicos, como os programas nas áreas da educação, da saúde e da previdência, cujos serviços, tornados universais, nunca contaram com os adequados meios orçamentários e a necessária descentralização para funcionarem de forma eficaz no atendimento às amplas camadas sociais deles carentes. A ideologia privatizante e eficientista correspondeu, na prática, à centralização autoritária da gestão pública, que se deslocaria cada vez mais das necessidades básicas da população. Estas ainda encontrariam, durante algum tempo, meios de expressão política e de pressão social através do direito formal à organização partidária e à imprensa livre. Finalmente, foram engolfadas por interesses mais bem representados junto ao pacto de dominação quando, em 1968, o AI-5 se abateu sobre a sociedade brasileira e pôs de quarentena todo tipo de liberdade pública, bloqueando com repressão aberta as demandas sociais acumuladas.

Ao longo das duas décadas de autoritarismo, e tomando-se a política econômica como eixo de referência, podem distinguir-se quatro períodos básicos e dois interregnos de transição: o período das reformas institucionais, sob a regência da dupla Otávio Gouvêa de Bulhões, no Ministério da Fazenda, e Roberto Campos, no Planejamento; o interregno em que Hélio Beltrão exerceu o Ministério do Planejamento, até a usurpação cabal do poder político pela Junta Militar, em 1969; o primeiro mandarinato do ministro Delfim Neto, com o "milagre" econômico; o sonho da grande potência no período do general Ernesto Geisel, com João Paulo dos Reis Veloso no Planejamento e Mário Henrique Simonsen na Fazenda; o interregno de frustrada hegemonia "ortodoxa" de Simonsen no início do Governo Figueiredo e, enfim, o segundo mandarinato de Delfim, com o reconhecimento do caos econômico que preparou a transição política (e eventualmente do regime) em 85.

O primeiro período, sob o general Castelo Branco, associou as reformas institucionais à política econômica de estabilização de preços. Esta última era a prioridade explícita. A ideologia liberal-conservadora apontava a inflação e a intervenção estatal na economia como os principais inimigos a combater. Por antinomia, prometia o restabelecimento das liberdades econômicas, a primazia do mercado e o controle do processo inflacionário.

Contudo, as políticas ortodoxas de estabilização produziram resultados medíocres. A taxa de inflação no fim do Governo Castelo Branco chegou ao patamar dos 40%, uma queda em relação à tendência observada em 64, mas ainda o dobro da taxa histórica da década de 50, na tão vilipendiada etapa do desenvolvimento populista. Na realidade, a inflação só cairia de forma substantiva, para um novo patamar de 20% ao ano, no período seguinte de desenvolvimento acelerado e de expansão creditícia desenfreada que correspondeu ao famigerado "milagre" econômico.

Também a intervenção estatal não diminuiu. A anunciada liberalização se limitou à política de "verdade dos preços" das empresas estatais, com o intuito primário de reduzir o déficit público, e à criação e garantia de condições favoráveis de penetração e operação do capital estrangeiro, que se tentava atrair de todos os modos. O insucesso, nesse particular, foi igualmente gritante. Embora reassegurado em seus privilégios, o investidor externo não via perspectivas objetivas de expansão de seu capital numa economia ainda em baixo ritmo de crescimento. Não se interessou por nenhum dos setores de infra-estrutura econômica com grandes requerimentos de capital. Tampouco gerou investimento novo nas indústrias de transformação. Limitou-se a desnacionalizar por *take-over* (compra de controle) as empresas privadas mais debilitadas pelas políticas internas restritivas de crédito, e com alguma perspectiva de maior retorno econômico no futuro.

O professor Roberto Campos, um arauto do liberalismo econômico, deteve o privilégio de comandar a estatização de todo o setor energético e de parte do setor mineral, e do processo de conversão do BNDE no "banco do aço". Respondia assim ao manifesto desinteresse dos investidores estrangeiros nessas áreas de infra-estrutura e da indústria pesada de insumos. Isso, a despeito dos privilégios que concedeu a empresas norte-americanas para facilitar sua estratégica e bem premiada retirada do setor dos serviços públicos de eletricidade e telefonia no Brasil.

O alto grau de intervenção do governo central estendeu-se também aos Estados e municípios, emasculando sua autonomia administrativa a pretexto de sanear-lhes as finanças. E atingiu limites extremos no campo das relações do trabalho, com a liquidação do movimento sindical autônomo e a imposição de uma política salarial de contornos dramáticos.

O arrocho salarial exibiu uma violência sem precedentes. Mesmo o posterior aprofundamento do autoritarismo político não realizaria uma façanha semelhante à da fórmula salarial servida ao regime pelo gênio matemático do então jovem aprendiz de feiticeiro, o professor Mário Henrique Simonsen. A intervenção mandatória e truculenta nas negociações salariais chegou a levantar protestos de algumas empresas de alta produtividade, inclusive de capital estrangeiro, que foram impedidas de negociar com os interventores sindicais até aumentos salariais que se limitavam a incorporar ganhos de produtividade. Em síntese, a liberdade de negociação trabalhista, um primado da ideologia liberal que o regime proclamava, não foi considerada uma "liberdade econômica" digna de ser preservada na prática, porque parecia um atentado à política de estabilização de preços posta em marcha.

Na realidade, em qualquer dimensão relevante do conceito de "liberalismo", o ideário da "revolução" se revelou rapidamente um mero cacoete ideológico. A partir de 68, com o AI-5, seria explicitamente abandonado em favor da doutrina de segurança nacional – essa temível associação entre ideais positivistas simplórios e impulsos totalitários que sempre constituíra uma base ideológica autônoma para as recorrentes intervenções militares anteriores, em geral contidas por outras forças ideológicas dominantes, mas que agora justificaria a empalmação hegemônica do poder político pela Junta Militar. Sob a nova ideologia, a busca do desenvolvimento econômico requeria condições de arregimentação psicossociais comandadas e controladas pelo Estado militar, que avocou à sua onisciência a tutela de toda a sociedade.

As reformas financeiras de 64 e 65, com seu complemento no campo tributário em 67, constituíram o vetor central para solucionar a questão do financiamento da economia, tanto do setor público quanto do privado, e da preparação da retomada do crescimento. A reforma tributária e a centralização das decisões sobre o gasto público permitiram reordenar as finanças do governo em todos os níveis, do central ao estadual e municipal. Estes últimos foram submetidos a uma maior disciplina de aplicações, mas participaram, com a União, de uma maior disponibilidade de recursos fiscais. A partir da recuperação, e porque a receita tributária na fase de expansão é elástica em relação ao gasto – isto é, o governo arrecada mais na proporção direta dos seus dispêndios –, o orçamento consolidado da União, dos Estados e municípios apresentou superávit fiscal, apesar dos sucessivos incrementos no gasto corrente e de investimento do setor público direto.

A órbita descentralizada do governo levou mais tempo a estruturar seus planos de investimento, mas o setor hidrelétrico e o bloco rodoviário logo deram partida nos seus. Apoiados no poder político e financeiro das grandes construtoras de obras públicas, no *staff* técnico próprio e das novas *holdings* estatais, obtiveram suporte financeiro do Banco Mundial e de outras instituições públicas internacionais, além do crédito de longo prazo de fornecedores de equipamentos hidrelétricos e rodoviários. Assim, o investimento público direto em infra-estrutura tornou-se, uma vez mais, o abre-alas da recuperação econômica.

Esses blocos, na verdade, sempre constituíram um poderoso anel de interesses, bem soldados no famoso tripé do capital estatal, do capital nacional privado e do capital internacional, que deu seus primeiros passos no período JK e se estruturou firmemente de Roberto Campos aos nossos dias. Mantiveram notória capacidade de financiamento interno e externo durante a expansão acelerada da economia até a recente crise do endividamento – que, por ter estrangulado o conjunto da economia, também o atingiu.

O pilar da recuperação do setor privado repousou nesse gasto público de nova índole, e sobretudo na reforma financeira. Nesta se destacou a reestruturação do Sistema Financeiro de Habitação, que teve importante papel na reativação do nível de atividade urbana e de construção residencial, bem como a atuação das sociedades financeiras e dos bancos de investimento privados, como instrumento e estímulo da expansão do financiamento ao consumo e do capital de giro dos setores industriais de bens duráveis.

Antes, porém, de passar à fase da recuperação da economia e ao subseqüente período de expansão acelerada, convém examinar de forma mais detalhada como se aplicou concretamente a política econômica da dupla Bulhões-Campos no nível do programa de estabilização e sobretudo no das reformas institucionais.

Da teoria à prática

As reformas institucionais

A política econômica do regime militar nasceu sob o signo da austeridade administrativa e da modernização institucional. O País defrontava-se com uma crise conjuntural sem precedentes, manifestada nos piores índices históricos de crescimento econômico, estrangulamento externo e inflação recorde, denunciando a exaustão do ciclo de prosperidade dos anos 50. Mais fundamentalmente, a moldura institucional na qual se inseria o capitalismo brasileiro se revelava um obstáculo à retomada do desenvolvimento em novas bases, sobretudo em face da deficiente estrutura de financiamento, tanto do Estado quanto do setor privado.

De longe, o lado mais claramente atrasado, em comparação com as economias capitalistas maduras, parecia ser o setor bancário e de intermediação financeira em geral. Justamente o que trata da moeda, do significante geral do valor e da riqueza, da própria essência do sistema capitalista. Portanto, era por aí que se iniciariam as grandes reformas. Já em 1964, o governo patrocinou a Lei Bancária, que pretendeu definir e redistribuir funções entre instituições públicas e privadas para o suprimento e controle da moeda e do crédito na economia. Criou-se o Conselho Monetário Nacional, como órgão normativo máximo, e o Banco Central do Brasil, como seu principal braço operacional.

No ano seguinte, outra lei estruturava o mercado de capitais, completando a ossatura institucional de um moderno sistema de intermediação financeira, inspirado no que havia de aparentemente mais funcional e "democrático" nas economias capitalistas avançadas. Subjacente a esse reordenamento na superfície, a dupla Bulhões-Campos introduziu a inovação que se revelaria de mais profundas conseqüências para o futuro funcionamento da economia: a correção monetária (ou indexação), com modestos propósitos iniciais de manter o valor real dos atrasados fiscais, mas que em breve se generalizaria para toda a economia como o elemento celular do edifício do sistema de crédito, apoiado em títulos públicos e privados legalmente protegidos da corrosão inflacionária.

Na prática, esse original instituto da correção monetária teve como conseqüência neutralizar, em parte, os efeitos que se esperavam da modernização do sistema de intermediação financeira e de financiamento da economia. Na visão ortodoxa, a inflação é sempre resultado da expansão da quantidade de moeda e de crédito a um ritmo superior ao do crescimento da economia. Uma fonte potencial dessa expansão monetária são os gastos públicos não-cobertos por receita fiscal ou por crédito do setor privado. O ministro Bulhões pretendeu atacar a pressão inflacionária nas três frentes, simultaneamente: impôs maior disciplina de gastos ao conjunto do governo, aumentou a receita fiscal e parafiscal e criou a dívida pública com o lançamento dos títulos indexados (ORTN – Obrigações Reajustáveis do Tesouro Nacional).

Esse é o tipo de política que supõe a existência de instrumentos adequados de gestão monetária e de crédito. Exatamente para isso, contudo, é que estavam sendo feitas as reformas bancária e do mercado de capitais: quando o governo, através do Banco Central, pressiona o mercado para a obtenção de mais crédito, as taxas de juros devem subir e, com isso, o setor privado sente-se desestimulado a tomar dinheiro para gastar, preferindo, de outra parte, aplicar eventuais excedentes no mercado financeiro. Há assim um *enxugamento* dos meios de pagamento, reduzindo-se o ritmo de expansão da moeda e do crédito – e, supostamente, aliviando-se as pressões inflacionárias pela queda da atividade econômica, do emprego e da demanda.

Num mercado de intermediação bem-estruturado, uma elevação da taxa de juros produz, além disso, transferência de recursos financeiros do mercado de capitais (ações de rentabilidade variável) para o mercado financeiro de renda certa (títulos com correção monetária pré ou pós-fixada, depósitos a prazo com iguais características, depósitos de poupança, etc.). Em teoria, supõe-se que o movimento de recursos financeiros nessa direção, provocado a curto prazo pelo aumento da taxa de juros, termina por induzir sua queda a médio prazo, por causa da crescente oferta de capital de empréstimo e da redução da demanda correspondente pela queda da atividade. Isso, na teoria*.

*Na prática, só a expansão da liquidez provocada pela própria recuperação econômica e por uma política monetária solta resultariam numa efetiva redução da taxa

Na era Bulhões-Campos, exerceu-se uma política monetária e de crédito altamente restritiva, concomitante com a construção das instituições através das quais o mercado deveria reagir a ela. Em conseqüência, essas instituições assumiram como definitiva uma forma de atuação, ou uma função, que no modelo imaginado deveria ser passageira e conjuntural. De fato, no espírito da reforma do mercado de capitais, o banco de investimento deveria ser essencialmente um lançador no atacado de ações de sociedades anônimas de capital aberto, a distribuidora deveria ser o agente de sua difusão a varejo e a corretora, um agente especializado para a negociação desses títulos no mercado secundário, as bolsas de valores. No entanto, criadas num momento em que a política monetária restritiva pressionava a alta dos juros e provocava a drenagem de recursos financeiros do mercado de risco para o mercado de empréstimos, as instituições do mercado de capitais transformaram-se em instituições quase exclusivas do mercado financeiro.

O banco de investimento, autorizado desde a origem a captar e emprestar recursos a prazo, tornou-se pouco mais que um departamento especializado dos bancos comerciais, submetido à ótica destes de prestamista com garantias reais. Assim, passou à margem de sua função de agente atacadista de ações. As corretoras e distribuidoras, por sua vez, tornaram-se varejistas em grande escala, não de ações, mas de títulos de renda fixa – certificados de depósito bancário, letras de câmbio e títulos públicos com correção monetária pós (ORTN) ou prefixada (LTN – Letras do Tesouro Nacional). Com o desenvolvimento, posterior a 1968, do mercado aberto (*open market*), esses varejistas cristalizaram-se nessa atividade, tornando-se também picotadores especializados do período de maturação dos títulos, assim dispensando um mercado de tomadores finais de médio e longo prazos.

Todo o edifício da dívida interna, pública e privada, originou-se daí, solidamente alicerçado no instituto da correção monetária – então celebrada como o *jeitinho* brasileiro de conviver com taxas elevadas de inflação. Contudo, também pelo lado da demanda de capitais, as forças convergiram na mesma direção do atrofiamento. As empresas encontraram poucos estímulos a abrir seu capital, fosse por causa da tradição patrimonial do capitalismo brasileiro, fosse pela vantagem fiscal de tomar empréstimos. De fato, por um defeito técnico na lei, somente cor-

---

de juros a partir de 1968. Assim mesmo, ela seria mantida acima da taxa internacional para permitir e incentivar o endividamento externo privado.

rigido na nova Lei das S.A., dez anos depois, pagavam menos imposto justamente as empresas menos capitalizadas, pois os empréstimos entravam como custo dedutível e o capital de giro não sofria correção monetária no balanço. Diante disso, seria quase sempre mais vantajoso, para redução de ônus fiscais, o recurso ao crédito mesmo caro em lugar de se abrir o capital da empresa.

A estrutura enviesada que ia assumindo o sistema financeiro internamente ajustava-se como uma luva ao que, no cenário internacional, era requerido como condição para a perfeita articulação da economia brasileira com o sistema financeiro internacional privado, em franca expansão. Como se pode ler hoje em qualquer texto de iniciação ao problema da dívida externa, o desenvolvimento do chamado euromercado acelerava-se justamente naquela época, meados dos 60. Uma vez instaurado o novo regime, o governo proclamou aos quatro cantos seu interesse no concurso do capital externo no esforço de desenvolvimento brasileiro, procurando assegurar um clima de confiança ao aplicador externo.

O gesto revestiu-se de alguma ambigüidade nos movimentos iniciais da administração. Assim, para atrair capital nas áreas de alta rentabilidade da indústria de transformação, pareceu indispensável, primeiro, descongelar o investimento externo que já estava aplicado havia décadas no setor de serviços públicos – eletricidade e telefonia, de baixa rentabilidade e alta voltagem política. Roberto Campos incumbiu-se da tarefa com desenvoltura. Como embaixador do deposto presidente Goulart nos Estados Unidos, ele próprio havia assinado um protocolo de intenções, em nome do governo brasileiro, comprometendo-se com a American Foreign Power (Amforp) a comprar suas 10 subsidiárias de energia elétrica no Brasil por um "preço justo", apurado, supunha-se, de acordo com as leis brasileiras de avaliação de ativos. As partes não chegaram a acordo quanto ao preço, esgotando-se o prazo do protocolo. Em 1964, já como ministro, reassumiu as negociações para se submeter graciosamente às pretensões da Amforp, pagando 135 milhões de dólares pelo seu ferro-velho – valor no qual se embutia a correção monetária integral do investimento histórico, algo que não se reconhecia na legislação brasileira, que previa um índice específico. Além disso, aceitou um sobrepreço de 17,7 milhões de dólares a título de multa pelo atraso na execução do protocolo de Washington. Na mesma época e sob as bênçãos do mesmo negociador – que antes chegou a receber de um grande jornal, *O Correio da Manhã*, o epíteto de "Embaixador da Amforp" –, também a Companhia Telefônica Brasileira era "nacionalizada" em bases semelhantes, igualmente favoráveis ao investidor externo.

Dessa forma, para anunciar ao mundo suas intenções privatizantes e declarar aberto o mercado brasileiro ao capital estrangeiro, o governo descaradamente começava por estatizar as empresas de serviços públicos básicos, e por expulsar desse setor, desobrigando-o do risco mediante pagamento de generoso ágio, o investidor externo.

É conveniente assinalar que tal ambigüidade não era uma idiossincrasia exclusiva da "revolução" brasileira. Desde a década de 50 que em toda a América Latina o capital estrangeiro retraía-se das áreas de serviços públicos – como, de resto, na maioria dos países industrializados o capital privado deslocara-se daí, ou lá jamais esteve, dando preferência a áreas mais lucrativas. A novidade no Brasil era o tratamento generoso ao parceiro comercial a pretexto de frisar uma política de estímulo ao capital estrangeiro – antítese do nacionalismo que havia precedido o golpe de 64, xenófobo na retórica e inócuo na prática.

O regime favoreceu o investimento externo em geral, mas as condições do mercado financeiro internacional, associadas às novas características do mercado interno de crédito, favoreceram mais que proporcionalmente o capital de empréstimo em comparação com o de risco. Este último permaneceu condicionado pela legislação a um teto de remessa de lucros elevado (12% ao ano sobre a aplicação registrada), mas facilmente contornável por práticas de manipulação de faturamento e de serviços entre matriz e filiais. Contudo, as remessas por conta de serviços de empréstimos não estavam sujeitas a teto algum, e além disso eram dedutíveis como custos na contabilidade empresarial, reduzindo o imposto interno a pagar. Dessa forma, tanto o sistema de financiamento interno quanto o externo estimulavam a tomada de empréstimos pelas empresas, de preferência a investimento de risco.

Certamente, essa jamais teria sido a intenção original do ministro Bulhões, embora fosse o resultado concreto de sua obstinação em dar às empresas aqui instaladas acesso direto aos créditos em moeda no mercado internacional. De fato, fora inspiração sua, ainda como titular da antiga Sumoc (Superintendência da Moeda e do Crédito), no Governo Goulart, o dispositivo da Lei 4.131 que abriu às empresas, sobretudo as filiais estrangeiras, essa linha de acesso. Já como ministro da Fazenda, complementou e generalizou o dispositivo através da Resolução 63 do Conselho Monetário, que permitiu aos bancos aqui instalados tomar empréstimos em moeda e repassá-los a tomadores internos sem condições de irem diretamente às praças financeiras internacionais.

A justificativa econômico-ideológica, no primeiro caso, era a de facilitar o acesso das empresas estrangeiras ao crédito externo para reservar às nacionais o interno. No segundo caso, era para "democratizar" o acesso ao mercado financeiro internacional. O efeito seria a extroversão e o superendividamento. Na década de 70, contudo, após deixar o governo e retornar ao prestigioso posto de presidente do Instituto Brasileiro de Economia da Fundação Getúlio Vargas, o professor Bulhões se entregaria, com obstinação característica, à tarefa de apontar os desvios do sistema de intermediação, altamente especulativo, propugnando por maiores incentivos e melhor ordenamento do mercado acionário. Para muitos efeitos, já era tarde. Excessivamente endividadas, muitas empresas sucumbiam aos pesados custos dos serviços da dívida, sem flexibilidade para substituir capital de terceiro por capitais próprios.

A terceira mais importante reforma empreendida na gestão Bulhões-Campos alterou substancialmente o sistema tributário brasileiro. Introduziu-se o conceito de imposto sobre valor adicionado, com a criação do IPI (produtos industrializados) e do ICM (circulação de mercadorias). O imposto sobre a renda foi totalmente reestruturado e ajustado aos objetivos políticos de estimular a poupança interna – a forma eufemística de criar meios de evasão fiscal para os ricos, tornando-os ainda mais ricos, a pretexto de incentivar o investimento em regiões e setores eleitos como prioritários.

Evidência de que, nos primórdios do regime, houve uma intenção genuína de se estimular o mercado de ações como instrumento efetivo de capitalização da empresa nacional, o Decreto-Lei 157 introduziu o privilégio fantástico pelo qual o contribuinte "podia" aplicar parte de seu imposto na compra de ações novas de companhias abertas, com a condição de apenas mantê-las indisponíveis por algum tempo. Esse tipo de dádiva fiscal só podia justificar-se pela "nobre" finalidade de habituar o contribuinte a poupar, mas essa poupança tinha um sentido social indireto, na medida em que devia aplicar-se em ações que representassem aumento efetivo de capital das empresas – portanto, aumento da produção e do emprego.

Uma vez criado o instrumento, porém, rapidamente se perdeu o sentido de seu conteúdo. Em breve o governo permitiria a aplicação de 1/3 e, mais tarde, de 2/3 do Fundo 157 nas transações do mercado secundário de ações. Com isso, recursos originalmente tributários passaram a alimentar o circuito de especulação desenfreada nas bolsas, sem quaisquer vínculos com a geração de emprego e a produção.

A política de estabilização

Antes mesmo de entrar em vigor a reforma tributária, o governo conseguiu alcançar seus objetivos de curto prazo de redução do déficit público através de cortes drásticos nos gastos e da modificação do sistema de arrecadação. Entre 1962 e 1966, a receita fiscal elevou-se de 8,57% para 11% do PIB, enquanto o déficit declinava de 4,23% para 1,6%. Isso se devia menos à reforma tributária, que só no ano de 1968 exerceria seus efeitos plenamente, do que à introdução da correção monetária dos atrasados fiscais e ao maior rigor na cobrança do imposto de renda, cujo montante arrecadado aumentou em mil por cento nesse período, em comparação com os 620% do aumento da inflação. De qualquer forma, o plano orçamentário federal se equilibrava.

Contudo, também fora dos limites do orçamento da União e com efeitos ainda mais rápidos, nesse período, o governo conseguiu outros mecanismos eficientes de financiamento de seus gastos globais. Com a política da "verdade tarifária", foram atualizados os preços dos serviços e bens a cargo de empresas públicas e mistas e de autarquias federais, eliminando-se os subsídios neles embutidos anteriormente. Aquilo que mais tarde se convencionou chamar de orçamento das estatais se equilibrava pelo lado do faturamento, através de uma "inflação corretiva".

Para usar a terminologia de hoje, restava o orçamento monetário como possível fonte de pressão de aumento dos gastos públicos globais. A reforma bancária nascera incompleta, pois a autoridade monetária ficou dividida, institucionalmente, entre Banco Central e Banco do Brasil, ambos com poder de emissão – o primeiro de moeda, o segundo de crédito – e ambos com funções de fomento. Mas o ministro Bulhões não teve dificuldades maiores em coordenar e disciplinar a política dos dois bancos, retendo sua capacidade de expandir os meios de pagamento.

Na realidade, apenas o Banco do Brasil representava metade do crédito disponível na economia. Um controle rigoroso sobre ele tinha efeito direto sobre a expansão do crédito ao setor privado e indireto sobre a expansão dos depósitos em conta corrente. Portanto, sobre todos os meios de pagamento. Já as linhas de fomento do Banco Central, inicialmente de pouca expressão quantitativa, estavam sob vigilância do

Conselho Monetário, cuja política se manteve coerente com o objetivo do ministro da Fazenda de reduzir até o osso os subsídios oficiais.

O aperto monetário e de crédito foi inequívoco. Para surpresa dos monetaristas, porém, o efeito sobre a inflação era medíocre, desproporcional em relação ao efeito sobre o produto. Em 1964 e 1965, os meios de pagamento ainda se expandiram a um ritmo próximo dos 80%, mas o PIB evoluiu às taxas ínfimas de 2,9 e 2,7%, enquanto a inflação, de 92% no primeiro ano, resistiu no elevado patamar de 55%. No ano seguinte, 1966, o ministro Bulhões decidiu aplicar seu famoso tratamento de choque: restringiu a expansão dos meios de pagamento a 14%, num ano em que a inflação ainda se manteve ao ritmo de 39%. A taxa de crescimento do PIB, que aumentou ligeiramente para 5,1% nesse ano, cairia em 67 para 4,8%. A inflação baixou também, para 24%. Mas o custo desse choque certamente se refletiu menos nos índices globais que na paisagem da terra arrasada que deixou na área empresarial, com uma sucessão de quebras no comércio e na indústria, sem precedentes.

A queda do ritmo de atividade econômica que atingiu fundamentalmente a indústria vinha contribuindo para o equilíbrio externo da economia, pois as importações reduziram-se drasticamente, caindo para 941 milhões de dólares em 1965, o equivalente a 78% do nível de 1959 em valores correntes. As exportações, estimuladas pela atualização do câmbio, por outras medidas de apoio e pela própria recessão interna, aumentaram sistematicamente de 64 a 67. Com isso, a balança comercial tornou-se superavitária no período, assim como a balança de transações correntes, exceto no próprio ano de 1967, quando surgiu um déficit de 237 milhões de dólares.

Assim mesmo, o saldo global do balanço de pagamentos continuou positivo, pois na medida em que as importações se recuperavam também aumentou o fluxo de capitais externos para o País. Contudo, já é característica desse período a nova configuração que iria ter a composição dos ingressos externos, com absoluta predominância de empréstimos e financiamentos sobre investimentos de risco. Estes últimos, que em 1964 caíram ao nível mínimo de 28 milhões de dólares, como reflexo da instabilidade política, não demonstraram maior reação diante da estabilidade imposta pelo golpe militar. Ficaram na casa dos 70 milhões de dólares anuais até 1968, quando acusaram ainda uma ligeira queda para 63 milhões. Já os empréstimos e financiamentos passaram de 221 milhões de dólares em 1964 para 363 milhões em 65, 508 milhões em 66, 530 milhões em 67 e 583 milhões em 68, disparando a partir do ano seguinte.

Também pela sua face externa, a economia brasileira já podia ser reconhecida como um capitalismo de prestatários.

O maior êxito da política antiinflacionária de Bulhões-Campos pode situar-se no controle do déficit fiscal, que de 4,2% do PIB, em 1964, cairia para 1,1% em 1966. Isso elidia, porém, uma transformação básica que se estava operando no conjunto das contas públicas, já referida previamente. Parcela crescente e significativa dos gastos da União começava a escapar da rubrica orçamentária, com a progressiva transformação de funções e atividades tipicamente públicas em serviços e produtos de entidades revestidas do caráter jurídico de empresas, mistas e públicas, com orçamentos próprios e acesso autônomo ao crédito bancário interno e externo.

Essa transformação, realizada em nome da eficiência, em setores como energia elétrica, siderurgia básica, comunicações, etc., não só mascarou o gasto público em gasto privado como está na origem da esquizofrenia do Estado brasileiro, dividido entre Estado público e Estado empresarial. A partir de 1968, com a Reforma Administrativa, esse desenvolvimento esquizofrênico do Estado se acentuaria, pela associação de uma bem-intencionada descentralização executiva com o recrudescimento do autoritarismo político, pondo a administração indireta totalmente fora do controle social ou parlamentar, enquanto se reduzia à impotência a administração direta, que atende a necessidades básicas da população, em saúde, educação e justiça.

O regime, privatista na retórica, se tornava consistentemente cada vez mais intervencionista na prática. Esse singular exemplo de descompasso entre ideologia e ação concreta, que pode ser personalizado na figura contraditória de Roberto Campos, a quem coube o comando intelectual do processo, só tem paralelo na *performance* de seu próprio parceiro nessa saga. De fato, o professor Bulhões tem sido um obstinado advogado da capitalização da empresa privada como suporte principal de seu desenvolvimento num clima financeiro sadio, não-inflacionário. No entanto, ao promover o acesso amplo das empresas aqui instaladas ao mercado externo de empréstimos, e sobretudo ao acolher a original instituição brasileira da correção monetária de dívidas como direito contratual generalizado, lançou o mais poderoso incentivo à descapitalização do setor produtivo, ao seu doentio e hipertrofiado endividamento, à inanição do mercado de capitais, à especulação financeira desenfreada e à retroalimentação inflacionária.

Em 1967, no terceiro e último ano de comando da dupla Bulhões-Campos sobre a economia, a renda *per capita* brasileira estava num nível próximo ao do início da década. Havia uma atmosfera de pessimismo generalizado na economia, que se refletia, no plano político, em crescente insatisfação das classes médias. O comportamento da indústria, nesses três anos, refletia grande insegurança diante dos rumos da política econômica: queda de 4,7% do produto industrial em 1965, crescimento de 11,7% em 1966, nova desaceleração com crescimento de apenas 3% em 1967. Na agricultura, a produção seguia um caminho assimétrico em relação à indústria: aumento espetacular de 13,8% em 1965 e queda de 3,1% no ano seguinte, voltando a crescer em 1967. Nesses três anos, a taxa de expansão do produto interno bruto evoluiria de 2,7% para 5,1% e 4,8%. Taxas medíocres, tanto em comparação com o passado recente, dos anos 50, quanto em relação ao futuro imediato.

A transição para o autoritarismo cabal

Muitos comentaristas costumam referir-se à administração Bulhões-Campos como um período de grande austeridade, mas cujos sacrifícios foram amplamente compensados pelo surto de prosperidade que se seguiu, e de que seriam uma condição preparatória indispensável. Esta não era, porém, a avaliação feita em 1967/68 mesmo por próceres do regime, por ocasião da primeira mudança de guarda da "revolução", ao se apossar o marechal Costa e Silva da Presidência da República. Havia, então, um inequívoco desapontamento nas classes médias e mesmo entre as elites com os modestos resultados da economia, em face dos custos econômicos e sociais do programa de estabilização.

A condescendência posterior com que se procurou julgar a política econômica desse período não se deve apenas ao clima eufórico do "milagre" econômico – que ajudou a suturar feridas e a afogar as seqüelas da recessão anterior numa vaga de crescimento sem precedentes, compensando-se com um surto de maior opulência dos ricos os sacrifícios suportados em seu maior peso pelos pobres. Em 1968, com a edição do AI-5, o regime militar armou em torno de si um escudo de autoproteção política e iniciou a marcha acelerada rumo ao autoritarismo declarado, que culminaria com o assalto ao poder pela Junta Militar e a era Médici. Pelas características de suas bases de sustentação, cada vez mais restritas aos círculos militares retrógrados, o regime não se permitia o reconhecimento de erros passados, principalmente em matéria sensível como a política econômica. Os detentores do poder brigavam entre si numa disputa mortal, mas quando se tratava das relações com a sociedade civil assumiam a máscara da coesão interna inabalável e da coerência de sua ação no tempo. Se aceitassem o debate da política econômica, mesmo que ela sempre tivesse estado sob responsabilidade de civis, arriscavam-se a ver questionada também sua infalibilidade política. Por isso escamotearam as dissensões internas, com tanto maior disciplina quanto mais se exacerbava o autoritarismo político-militar.

No comando da economia, a transição da dupla Bulhões-Campos para a Delfim-Veloso se fez depois de um curto interregno, no Governo Costa e Silva, durante o qual despontou como figura de maior prestígio o ministro do Planejamento, Hélio Beltrão. Influente na formação do segundo ministério "revolucionário", Beltrão conseguiu afastar os monetaristas ortodoxos da linha do professor Bulhões, a cuja obsessão antiinflacionária se atribuía o fraco desempenho da economia de 64 a 67. A barragem contra a escola da Fundação Getúlio Vargas trouxe ao primeiro plano, no início modestamente, a escola "desenvolvimentista" da Universidade de São Paulo. Assim, o jovem e dinâmico secretário da Fazenda do governador paulista Laudo Natel, o professor Antônio Delfim Neto, acabou guindado à esfera federal como ministro da Fazenda.

A dupla Bulhões-Campos ainda fez um derradeiro esforço para salvar um pouco da configuração institucional de sua política ortodoxa, tentando manter no cargo o presidente do Banco Central, Dênio Nogueira, e com ele a política monetária restritiva e o caráter ligeiramente autônomo do Conselho Monetário Nacional em relação ao governo. Em vão. A estrutura do Conselho foi alterada, seus membros com mandato tornaram-se demissíveis *ad nutum* e Dênio Nogueira cedeu a vaga a Ernane Galvêas, um tecnocrata em ascensão perfeitamente afinado a Delfim Neto.

Em 1967, com a edição de uma nova Constituição, completara-se o período de profundas reformas institucionais iniciadas em 1964. Enquanto o "regime" em tensão interna não se definia entre liberalismo e autoritarismo, ainda se respeitava grande parte das liberdades democráticas, com a imprensa livre e o Parlamento em funcionamento e ativo. Mesmo a organização sindical, desde que reivindicativa e não "política", era tolerada. Os primeiros movimentos da nova política econômica esboçaram, sob estímulo de Beltrão, uma tentativa de engajamento da classe política nas decisões, em busca de maior comprometimento dos agentes sociais, de legitimidade e de eficiência. Uma comissão de congressistas chegou a participar do esboço do que deveria ser o I Plano de Desenvolvimento Econômico.

Na medida em que a crise política deslocava para segundo plano os objetivos de longo prazo do Planejamento, o centro do poder, pelo caráter tópico e episódico das decisões de curto prazo, deslocava-se para a Fazenda. O controle monetário rígido da era Bulhões começou a ser relaxado, assim como a política de crédito. Na área cambial, com a introdução da regra das minidesvalorizações do cruzeiro em alinhamento com o curso da inflação interna, a nova forma de articulação da economia brasileira com o sistema comercial e financeiro internacional ganhou contorno definitivo.

Com a enorme capacidade ociosa acumulada no período recessivo, a indústria, em 1968, estava pronta a reagir positivamente ao primeiro estímulo. Este veio tanto pelo lado da oferta, pela maior disponibilidade de linhas de financiamento externo e interno para aumento da produção, quanto pelo lado da demanda, não obstante o efeito deprimente sobre o mercado interno da política de arrocho salarial. O sistema de intermediação financeira recém-montado começava a render seus primeiros frutos, dentre os quais a rápida expansão do financiamento ao consumo de bens duráveis.

O Sistema Financeiro de Habitação, criado em 1964 em torno do BNH, mas subsistindo embrionariamente até 1968, com parcas fontes de recursos, ganhou finalmente um sólido pilar – o Fundo de Garantia por Tempo de Serviço (FGTS), com seu formidável poder de exação de poupança das empresas – e reforçou o outro, de poupança voluntária, com a simplificação e popularização da caderneta de poupança.

A produção de bens de consumo durável e a retomada do mercado imobiliário renderam efeitos multiplicadores sobre o conjunto da economia. Mesmo mantidos baixos, salários pagos a um número crescente de trabalhadores estimulam a demanda global; e, porque são baixos, favorecem a lucratividade das empresas e a acumulação de capital, com maior vigor ainda quando a base de aumento da produção é a capacidade ociosa previamente acumulada. Nessas condições, tinha início o "milagre".

A economia entrou no curso firme do crescimento em 1968, a despeito do generalizado pessimismo prevalecente no início do ano em face do fraco desempenho do ano anterior e de um certo descrédito no regime. Contudo, num ano de franca liberdade de imprensa, de protestos públicos, de mobilização sindical e da "passeata dos 100 mil", pois o AI-5 só aterraria em dezembro, a taxa de expansão do PIB atingiu o nível imprevisto de 9,3%. Poucos ousariam antecipar isso. Mas por certo que a política monetária e de crédito mais relaxada, em substituição ao arrocho de Bulhões-Campos, teve papel central nesse desempenho. Para usar a expressão que o economista Antônio de Barros Castro costuma aplicar aos dias de hoje, a economia "estava mordendo freios". O que Delfim e Beltrão fizeram foi, essencialmente, afrouxar as rédeas.

Fato inexplicável para um monetarista, o aumento de liquidez real – expansão de 45,7% dos meios de pagamento em 1967, em comparação com uma inflação de 24,3% – foi perfeitamente compatível com inflação estabilizada no nível de 24,3% e 25,4% nesses dois anos. Mais inexplicável ainda é que a liquidez real continuaria aumentando, nos anos seguintes, enquanto a taxa de inflação despencava.

A retomada da economia, como se viu, não bastou para reconciliar o regime com a sociedade civil e política. Ao contrário, nas lutas intestinas do governo prevaleceu a corrente do arbítrio exacerbado, responsável pela imposição do AI-5. Com a doença e morte de Costa e Silva, um alto comando militar representante das correntes mais obscurantistas das Forças Armadas empalmou o poder de Estado, respaldou a entrega do poder político à Junta Militar e promoveu, finalmente, a "eleição" militar de um sucessor, Emílio Garrastazu Médici, não sem ter de contornar profundas rachaduras internas no Exército.

O período de maior prosperidade econômica do ciclo de poder militar havia começado, mas, ao contrário do que vieram a apregoar, mais tarde, os sicofantas do autoritarismo, essa prosperidade germinou e deu seus primeiros frutos num regime de liberdade, apoiada em instituições liberais, com relativa participação da sociedade civil e política na definição de decisões econômicas básicas. As reformas institucionais do período 64-67 não haviam germinado na Escola Superior de Guerra, mas foram o produto do debate livre na sociedade civil na fase que precedeu o golpe de 64. E antes do golpe de 68, um rico debate no Congresso fixou os limites de competência entre Legislativo e Executivo em questão orçamentária, o ponto nevrálgico das relações entre sociedade civil e Estado numa democracia. A emenda que estabeleceu esses limites, reservando ao Legislativo amplas funções de controle político e de fiscalização dos orçamentos federais, prevaleceu sobre vetos derrubados de Costa e Silva e foi, talvez, o derradeiro suspiro liberal antes da avalanche autoritária desencadeada pelo AI-5.

II. O Despertar dos Mágicos:
O "Milagre" Econômico de 68/73

Com a ascensão de Médici, por certo o mais despreparado de todos os presidentes militares pós-64, o comando do Estado foi distribuído entre duas grandes satrapias: a da segurança, enfeixada pelo ministro do Exército, general Orlando Geisel, e a da economia, sob total controle do ministro Delfim Neto. Com a indicação de João Paulo dos Reis Veloso para o lugar de Beltrão, o Ministério do Planejamento perdeu totalmente a influência que tinha no tempo de Campos. Tornou-se um centro de reflexão técnica e um agente encadernador de propostas dos outros órgãos da administração pública, direta e indireta, sem qualquer possibilidade de articulação e coordenação efetiva. Oscilou entre a excessiva modéstia, na definição das metas do I PND, e a desvairada megalomania, característica do segundo. Em ambos os casos, o produto denunciava o inteiro alheamento do órgão de planejamento da realidade social e política do País.

O centro decisório da política econômica consolidou-se na Fazenda. Munido dos poderes discricionários conferidos ao Executivo pelo AI-5, pouco depois reforçados pela Emenda 1 da Junta Militar, e portanto sem os embaraços do controle da fiscalização legislativa, Delfim expandiu em sua extensão máxima as velas da economia de acordo com sua visão pragmática do desenvolvimento. Todo o aparato institucional previamente montado no sentido de ordenar, de acordo com um modelo supostamente coerente de financiamento da economia, o avanço articulado do capitalismo brasileiro sucumbiu diante da força avassaladora das ações tópicas, dos subsídios e dos incentivos manipulados pelo ministro da Fazenda na boca do caixa do Tesouro, sob a pressão da conjuntura e dos objetivos de curto prazo – quando não dos interesses dos apaniguados.

Como fiscal de linha dos grandes fluxos de recursos que, através do sistema de financiamento controlado ou supervisionado pelo Estado, fazem mover a roda da economia, o superministro promoveu conglomerados, estimulou fusões, favoreceu a concentração do capital e dos investimentos em regiões e setores eleitos discricionariamente para os "incentivos". Para muitas dessas ações, já havia os instrumentos herdados da administração anterior; para outras, era necessário inventar instrumentos novos, ou reorientar antigos. Mas isso, sob a égide do AI-5, estava ao alcance de uma portaria!

Nessa fase de pragmatismo eufórico, removeram-se todos os traços da ortodoxia anterior. O Conselho Monetário, subordinado integralmente ao ministro da Fazenda, tornou-se a dócil instância homologatória das decisões deste, pela mera conveniência de revesti-las de legitimidade num colegiado formal. O Orçamento Monetário já vinha perdendo sua função de instrumento de controle da moeda e do crédito, mas agora, crescentemente, se transformava numa das alavancas mais poderosas de intervenção direta do Estado na economia pela manipulação das linhas de fomento do Banco Central.

Contudo, foi na manipulação dos fundos de origem fiscal e parafiscal, bem como de recursos oriundos de crédito público através de agências de financiamento estatais, que o governo moldou definitivamente o perfil da economia do "milagre", dependente de fundos públicos, de favores burocráticos e de crédito. O capitalismo brasileiro, de tradição patrimonial, encontrou um terreno extremamente fértil de desenvolvimento, no qual o Estado autoritário concentra os recursos para depois redistribuí-los discricionariamente, de acordo com o acesso pessoal à intimidade do regime.

Os ingredientes tópicos da magia

A política cambial se manteve altamente estimulante à entrada de capitais de empréstimo, coerente com a grande disponibilidade de recursos no euromercado. As minidesvalorizações garantiam o alinhamento do câmbio de acordo com a inflação interna, sustentando a renda do exportador, mas descontavam a inflação norte-americana. Com isso, procurava-se transferir integralmente ao tomador em cruzeiros dos dólares os efeitos da inflação mundial na desvalorização da dívida contraída no exterior. Enquanto as taxas de juros internacionais estiveram baixas e estáveis, essa era uma situação francamente favorável ao aumento do crédito externo ao Brasil e à expansão das importações, e no mínimo neutra em relação às exportações.

Com as bênçãos oficiais, as grandes empresas e os bancos lançaram-se à cata de empréstimos externos em moeda, que assumiriam uma proporção crescente do passivo bancário. Entre 1970 e 1974, a participação da "poupança financeira bruta externa" no total da "poupança financeira bruta nacional" saltou de 7,5% para 19,4%. O excesso de liquidez em dólares, traduzido em rápida acumulação de reservas, era um fator expansionista dos meios de pagamento, pois o tomador do crédito em divisas tinha de receber os cruzeiros correspondentes do Banco Central. Para contrabalançar esse efeito sem mudar a essência da política, Delfim adotou a regra do "congelamento" parcial e temporário dos créditos, combinada com os primeiros exercícios de enxugamento da liquidez interna através do lançamento de títulos da dívida pública no mercado aberto, a partir de 69. Contudo, essa não era uma preocupação central da política econômica, que admitia explicitamente a expansão de liquidez real como um fator de desenvolvimento.

As exportações receberam estímulos específicos, sempre respeitada a fronteira da política cambial para não perturbar a articulação da economia com o mercado financeiro externo. Para produtos manufaturados, criou-se o sistema de crédito-prêmio de IPI e de ICM, pelo qual o exportador recebe como "prêmio" o valor correspondente aos impostos pagos sobre matérias-primas e insumos gastos na produção equivalente de mercadoria comercializada internamente. Criou-se também um sistema de crédito subsidiado para a produção de manufaturados exportáveis. Lançaram-se programas grandiloqüentes de renovação da infraestrutura de apoio à exportação de primários, os chamados "corredores de exportação", tentando-se reduzir, paralelamente, os entraves burocráticos às operações externas. Exceto nesse último caso, as medidas de estímulo representavam, na prática, um câmbio diferencial em favor do exportador.

A combinação heterodoxa de regras gerais e incentivos específicos permitiu que, sob um mesmo registro institucional, no período de 1969 a 1974, aumentassem o influxo de crédito externo, as importações, as exportações e as reservas cambiais, tudo isso a um ritmo impressionante, só comparável ao do próprio crescimento da economia em seu conjunto.

A política fiscal adotada acentuou o caráter regressivo do sistema tributário brasileiro, já presente na reforma de 1967. A pretexto de estimular a "poupança", multiplicaram-se as isenções de impostos de pessoas físicas – ou até mesmo sua devolução, como no caso do Decreto-Lei 157. No entanto, foi na redistribuição da receita fiscal entre União, Estados e municípios que se fez mais diretamente presente o apetite voraz do Executivo federal em sua sanha de centralização e concentração de poderes desencadeada com o AI-5. A um golpe de pena, Delfim reduziu à metade as transferências tributárias devidas pela União a Estados e municípios, nos termos da Carta de 67, com o que se completou na esfera econômico-financeira o processo político de aniquilamento da Federação que transformou governadores e prefeitos de capitais e cidades "estratégicas" em delegados do poder central, agora impossibilitados de atender também aos serviços públicos locais.

Junto com o sistema tributário, todo o arcabouço institucional do sistema de financiamento da economia, montado entre 64 e 67, acabaria ruindo aos golpes casuísticos do mandarim da Fazenda. O mercado acionário não chegou a se desenvolver em bases sólidas, em face da concorrência dos capitais de empréstimo e da expansão degenerada do mercado financeiro, oficialmente estimulada. Um típico torvelinho especulativo nas bolsas provocou o craque de 1971, sintomaticamente sem causar efeito significativo no setor produtivo – prova cabal do divórcio entre a atividade das empresas e o mercado acionário. Daí em diante, e até depois de uma nova mudança de guarda no Planalto, o mercado não conseguiria recuperar-se, mas nem por isso a economia deixou de manter elevadas taxas de crescimento.

A estratégia de desenvolvimento rápido apoiado no crédito fácil ou subsidiado tenderia a exacerbar as tendências intrínsecas do capitalismo à concentração de renda, regional e pessoal. No caso desta última, o contrapeso histórico às forças concentracionistas tem sido o poder sindical, mas no Brasil a organização da classe trabalhadora estava jugulada pelas tenazes do Estado tecnocrático-militar desde antes do AI-5. Quanto à renda regional, o contrapeso poderia ter sido um sistema tributário orientado politicamente para o desenvolvimento das regiões mais pobres, e alguma coisa com esse espírito fora feita na reforma de 67. Posteriormente, porém, com a proliferação dos fundos incentivados, o privilégio fiscal para o Nordeste e o Norte diluiu-se por entre uma vasta gama de incentivos setoriais como reflorestamento, pesca, exportações de manufaturados, que favoreciam por sua dinâmica o Sudeste, relativamente mais próspero.

Um general de prestígio nas Forças Armadas, Albuquerque Lima, tentou opor alguma resistência ao processo de esvaziamento da Sudene, já visível no Governo Costa e Silva, de que foi ministro do Interior. Na prática, tratava-se de confrontar a política de Delfim Neto. Não teve melhor sorte que os coronéis, majores e capitães nasseristas, os chamados "jovens oficiais", que contribuíram para impor à cúpula militar o golpe do AI-5 com o objetivo de radicalizar a "revolução" contra os "tubarões". Perdeu e foi defenestrado do governo. Igual destino teria o primeiro ministro da Agricultura de Médici, Cirne Lima, que ousou discordar dos condicionamentos que a política econômica determinada pela Fazenda impunha ao seu setor. No auge de seu poder, Delfim atropelava com igual desembaraço tanto militares influentes quanto civis desavisados, depois de habilmente ter comprado a simpatia da hierarquia das Forças Armadas com um tratamento sempre generoso dos orçamentos militares.

A arquitetura impressionista do "milagre" econômico assemelhava-se a um castelo de cartas precariamente apoiado no sistema de crédito. No externo, pela abertura financeira da economia. No interno, fundamentado no instituto da correção monetária de ativos financeiros. Estava balizado, como visto, pelo sistema de incentivos e subsídios generalizados, bem como pelo sistema tributário regressivo, tudo favorecendo a acumulação. Com os salários contidos através de uma fórmula de reajustes que subestimava descaradamente a inflação futura, a pressão de custos sobre os preços se limitava ao comportamento dos preços dos insumos importados e da taxa de juros.

Quanto aos juros, a conjuntura internacional de folgada liquidez era francamente favorável ao tomador de crédito. Havia além disso o estímulo cambial antes mencionado. O pragmático ministro da Fazenda jamais confiou, porém, apenas nas forças "livres" do mercado para nivelar por baixo as taxas financeiras. Nisso, aliás, sempre mereceu alguma simpatia dos estruturalistas. Assim, impôs um controle a curta distância da taxa de juros interna. Coerentemente, impôs também o controle de preços nos setores oligopolizados ou sob administração direta do Estado, bem como de alguns produtos básicos de consumo amplo.

Não admira, pois, que a inflação tenha caído a despeito da expansão real acelerada dos meios de pagamento e do aumento do produto a taxas históricas sem precedentes. Na realidade, mesmo se não tivesse acrescentado ao rol de instrumentos heterodoxos de controle da inflação a desastrada tentativa de manipulação direta do índice, em 1973, o ministro da Fazenda teria como se orgulhar da excelente *performance* antiinflacionária de sua primeira gestão. Nos seis anos de mandarinato como senhor absoluto da economia, o produto cresceu a uma média anual de 10%, enquanto a taxa média de inflação anual caía para o nível dos 19%. Nos quatro anos anteriores, sob a batuta da dupla Bulhões-Campos, a inflação resistiu numa média anual de quase 51%, enquanto a taxa de crescimento do produto rastejou numa média anual inferior aos 4%. A superioridade da heterodoxia sobre a ortodoxia era notória.

As grandes linhas programáticas de política econômica, qualquer que seja o regime, materializam-se em relações diretas entre os agentes do Estado e os agentes da sociedade civil. Quando essas relações são institucionalizadas, diminui a margem de influência pessoal sobre elas. Num regime autoritário, onde as instituições vergam ao sabor da vontade da autoridade econômica de plantão, as relações pessoais prevalecem sobre quaisquer regras gerais. Mais recebe quem melhor conhece os canais de acesso aos centros decisórios. É o ambiente propício ao favoritismo, ao nepotismo, ao tráfico de influências, à premiação de lealdades políticas, à corrupção deslavada. E que será tanto maior quanto maiores poderes de concentração e redistribuição de recursos se acumulem nas mãos de uns poucos mandarins, infensos ao controle social e político.

A política econômica delfiniana pavimentava o caminho do futuro com algumas bombas de efeito retardado, notadamente a bomba do padrão de financiamento baseado no crédito. É claro que, *se* e *quando* mudassem as condições das taxas de juros internacionais, seria extremamente difícil neutralizar com decisões tópicas seus inevitáveis efeitos nos custos internos e nos preços, na política de juros interna e na própria política cambial. Contudo, o legado imediatamente explosivo era de outra natureza. Referia-se menos ao padrão de financiamento genérico da economia e mais ao padrão concreto de relações entre a autoridade governamental, personalizada no mais poderoso mandarim, e alguns privilegiados grupos financeiros que se locupletaram de favores oficiais no período de auge do crescimento.

Delfim foi um incentivador convicto e explícito da concentração do capital e da conglomeração do sistema bancário. Para isso, revitalizou e criou mecanismos institucionais de apoio e subsídio à fusão e associação de empresas, sobretudo financeiras. Acreditava que no conglomerado financeiro, e não na especialização das instituições, estava a força propulsora do capitalismo brasileiro. Através da famosa Cofie (Comissão de Fusão e Incorporação de Empresas), patrocinou acordos generosos pelos quais instituições ilíquidas ou patrimonialmente debilitadas eram absorvidas por grupos mais sólidos, às vezes apenas aparentemente, mediante a oferta de crédito subsidiado de longo prazo e de rebate do custo no futuro imposto a pagar.

O Banco Central, sob o comando de Ernane Galvêas – desde então um destacado solista na orquestra delfiniana –, observou com tolerância a erupção e desenvolvimento dos conglomerados, ferindo na prática os princípios da Lei Bancária que a autoridade econômica plenipotenciária sequer cuidou de alterar. Na realidade, essa lei já vinha sendo violada desde a origem, apenas com maior discrição e sobriedade, num de seus pontos de maior relevância para a saúde do sistema financeiro e segurança do investidor: o artigo que veda empréstimos bancários a empresas do mesmo grupo. Um amigo do regime, o dono do futuro Grupo UEB/Independência-Decred, José Luís Moreira de Sousa, foi precocemente autorizado a socorrer suas empresas comerciais com recursos do Banco Central canalizados através de seu conglomerado financeiro. Começou aí uma relação incestuosa que receberia novos estímulos nos governos seguintes e acabou gerando um monstro: o conglomerado comercial-industrial-bancário responsável por um dos maiores estouros financeiros da década de 70. Quando se fez a autópsia do estouro, verificou-se que o Grupo UEB era o principal devedor do Independência-Decred, sendo a iliquidez de um a face simétrica da iliquidez do outro – e a liquidez de ambos, a medida contábil da fraude ao investidor e do desvio de recursos públicos em favor do patrimônio do banqueiro temerário.

Por certo que, mesmo nos sistemas financeiros bem-estruturados, a boa prática bancária recomenda, como proteção ao aplicador anônimo e por princípio de isonomia, que os banqueiros não emprestem a si mesmos, em condições relativamente mais favoráveis, a poupança do público. Na experiência brasileira não se chegou, como visto, a se estruturar um sistema financeiro de acordo com o figurino inicialmente desenhado, não só pela atrofia do mercado de capitais, como também pela reorientação das instituições de intermediação (bancos, corretoras, distribuidoras) para a captação de poupança financeira. De fato, passaram a predominar nos passivos bancários os grandes fluxos de repasse (fundos oficiais e empréstimos externos avalizados explícita ou implicitamente pelo Banco Central) aos quais o banqueiro tem acesso como agente cartorial da política por ser detentor de uma carta-patente.

A parte correspondente a recursos captados do público, e que aproximadamente reflete o genuíno esforço de determinado banco em atrair aplicadores, é quantitativamente pequena (sobretudo se dela isolamos a poupança habitacional, um subsistema especializado garantido pelo Estado) e qualitativamente comprometida. Na verdade, uma proporção substancial dos títulos nunca é colocada junto a tomadores finais, mas simplesmente é bancada nas carteiras do próprio conglomerado ou de outras instituições, financiadas a curtíssimo prazo no mercado aberto ou administrativo por saldos de caixa das empresas.

Um sistema bancário assim estruturado está mais exposto a crises de liquidez que qualquer outro. Por essa razão, a supervisão bancária deveria estar muito mais atenta aos ativos dos bancos, compensando por aí a margem de segurança que falta institucionalmente do lado do passivo flutuante. Uma vigilância rigorosa deveria impedir os empréstimos cruzados dentro de um mesmo grupo, os autofinanciamentos e os cruzamentos internos de avais – justamente o que a prática de fiscalização bancária do Banco Central, sobretudo na era do "milagre", não fez. O resultado seriam os escândalos posteriores.

A tolerância em relação ao sistema bancário minado, ao ponto de se segurar indefinidamente alguns grupos notoriamente ilíquidos no balcão de assistência do Banco Central, não era, a bem da verdade, uma iniciativa exclusiva de Delfim. Num sentido estrito, atendia à vontade manifesta pelo general Médici durante sua saudação de posse à nova diretoria do Banco Central. Impressionado com as turbulências geradas pela quebra recente de um banco em São Paulo, o general-presidente prescreveu que fatos semelhantes não deveriam acontecer em sua administração, ao que se supõe para não denegrir a imagem do regime. O ministro da Fazenda limitou-se a cumprir a regra. E com tanta determinação que em seu primeiro mandarinato não houve quebras de instituições financeiras, apenas um curioso procedimento denominado "intervenção branca", pelo qual o Banco Central patrocinava, sob proteção da censura à imprensa, os arranjos pelos quais grupos supostamente sólidos eram eleitos para a absorção subsidiada das instituições quebradas.

Contudo, uma situação como essa não podia durar eternamente. Mesmo instituições financeiras administradas com prudência e honestidade estão sujeitas a crises. Muito mais estariam os conglomerados porosos gerados pelo "milagre". A própria burocracia do Banco Central dava sinais de nervosismo, na medida em que, com o passar do tempo, aumentava o grau de audácia e temeridade dos banqueiros arrivistas. Impedidos pela vedação do general Médici de realizarem, eles próprios, uma incisão saneadora, os tecnocratas da Fazenda deixaram pronto, no apagar das luzes da administração, o instrumento jurídico que deveria ser usado para o disciplinamento do mercado financeiro: a Lei 6.024, que dispõe sobre intervenção oficial e liquidação de sociedades financeiras.

Trata-se de uma jóia peculiar da ditadura medicista. É por certo a extensão máxima de expansão que se permitiu o autoritarismo em matéria econômica, conseguindo produzir uma lei que transpirava inconstitucionalidade mesmo à luz da emenda constitucional outorgada pela Junta Militar. Essencialmente, essa lei deu a uma autoridade administrativa, o próprio Banco Central, atribuições do Poder Judiciário na condução do processo falimentar de instituições financeiras, transmutado em liquidação extrajudicial. O liquidante se equipara ao síndico da falência, o Banco Central, ao juiz. Tenta-se confinar o procedimento liquidatório à instância administrativa, à margem da Justiça.

Além disso, provou estar tecnicamente mal-elaborada, falhando até mesmo em sua eficácia como instrumento autoritário de supervisão do sistema financeiro. Como se verá, nenhuma das liquidações decretadas a partir de 75 chegou a seu termo, a não ser por acordo extrajudicial que em geral representou um prêmio ao empresário fraudulento e um estímulo a aplicações especulativas. Ninguém chegou a ser condenado por administração temerária, irregular ou fraudulenta, não obstante a sucessão de "estouros" nos anos 70 e início dos 80. O Brasil do "milagre", sob Delfim, havia reinventado o faroeste, mas se esqueceu de contratar os xerifes.

A arquitetura perversa do "milagre"

A síntese do "milagre" econômico se revelou na irreverência, beirando o deboche, com que Delfim Neto promoveu a defesa do "capitalismo selvagem" – expressão cunhada por ele próprio, e não pelos economistas de oposição, para descrever a fase de acumulação acelerada do capital e de concentração de renda que patrocinou. Acompanhando a linha de evolução do regime forte de 64 para o autoritarismo escancarado posterior a 68, tornou-se chocante o contraste da arrogância do ministro de Médici com a austeridade de Bulhões e a "elegância" internacional de Roberto Campos.

O governo anterior nada fizera pelos deserdados. Suas reformas sociais não passaram do nível da retórica para a prática, mesmo quando aprovadas no Congresso. O exemplo mais notório foi o destino dado ao Estatuto da Terra. As reformas educacional e previdenciária tampouco tiveram melhor sorte. O FGTS terminou financiando o sistema de construção de apartamentos das classes média e alta – quando não diretamente, pelo menos como suporte técnico do BNH. O PIS-Pasep ficou à deriva até desembocar no BNDE, já nos tempos de Geisel, para financiar o empresariado nacional e alavancar a indústria de bens de capital.

Mas ninguém, no Governo Castelo Branco, se atreveria a proclamar: "O bolo tem de crescer para depois ser distribuído." "Dêem-me um ano e não me importo com as décadas." "Só posso trabalhar para 60% da população, os 40% restantes (os miseráveis) não são problema meu." "É preciso correr para ficar onde está", referindo-se à classe média. Nunca se vira, em função pública tão proeminente, quem professasse maior descaso pela base da pirâmide social e melhor exprimisse seu desprezo por ela através de jóias, como essas, do pensamento cínico.

Delfim não praticou apenas o cinismo político. Praticou a mais deslavada política de privilegiamento de grupos econômicos e de simples apaniguados, desfigurando com o exercício do favorecimento seletivo o conceito de serviço público. Exerceu a centralização do poder em escala nunca vista, com a conivência, quando não a subserviência, dos estratos dominantes da sociedade civil.

A segmentação do aparelho de Estado, a privatização cúpida dos instrumentos de gestão pública, o desmantelamento de todas as burocracias que tentaram resistir-lhe, a paulatina desmontagem das reformas de 64 a 67 – tudo isso contribuiu para reduzir a uma caricatura o projeto liberal-conservador do governo anterior. Dividir para reinar era o método tático do czar da economia. Soldar a quente, no cadinho dos interesses materiais imediatos, os anéis burocrático-militares de que só ele conhecia os meandros foi sua prática.

O debate crítico sobre a política econômica refugiou-se nos gabinetes dos técnicos de planejamento, nas universidades e em centros de estudo mantidos por fundações estrangeiras. Os *brazilianists* aqui desembarcaram para exercer sua curiosidade acadêmica. Apesar de não apoiarem o autoritarismo militar e de alguns deles se preocuparem com a distribuição de renda, deixaram-se impressionar pelo dinamismo da economia. O debate da distribuição de renda, contudo, emergiu e se generalizou a partir das avaliações dos dados preliminares do Censo de 70. Como o êxito econômico se tornara a nova ideologia do Estado, esse debate transitou, no início, sobretudo pela confusão ideológica em torno das "limitações" que a má distribuição da renda imporia ao crescimento do mercado interno e do conjunto da economia.

Na prática, transformada numa máquina de crescimento a pleno vapor, a economia brasileira foi atropelando e soterrando as teses subconsumistas. Aos poucos, tornava-se clara a anatomia da acumulação capitalista em curso. Primeiro houve a retomada, facilitada pela política expansionista de crédito que permitiu o endividamento e a diferenciação de consumo das classes médias. Depois, o crescimento rápido e a diversificação das exportações e das importações, facilitados pelo grande *boom* do comércio mundial e apoiados numa bateria de incentivos internos. Finalmente, a expansão nos setores de construção, elétrico e de materiais de transportes, puxada pelo investimento público e pelo privado internacional, representado este pelas filiais de empresas estrangeiras.

As indústrias têxtil, de calçados e de vestuário se modernizaram com base em importações financiadas de bens de capital. A própria expansão do investimento favoreceu a ocupação da capacidade ociosa do setor de bens de capital, que começou a acelerar sua produção a partir das encomendas do setor público e da indústria privada. Instaurara-se o círculo virtuoso do crescimento, envolvendo toda a indústria, que em boa parte é mercado de si mesma. O consumo crescia com o emprego, mas sobretudo à custa do endividamento. O mercado expandiu-se com a dívida. Os banqueiros se regozijaram.

O "capitalismo selvagem" invadiu o campo, ocupou novas fronteiras, expulsou os camponeses, refez áreas de cultivo e orientou-se cada vez mais para culturas de exportação e de insumos industriais. A internacionalização do mercado, a concentração do capital e do crédito e a extroversão financeira soldaram as patas do tripé constituído pela grande empresa de capital estatal, internacional e nacional privado.

A pata forte do capital nacional não era, contudo, o capital industrial. O novo pacto centralizador, excludente e autoritário reforçou sobremaneira a posição do capital mercantil, agrário e bancário, que constituía e ainda constitui o verdadeiro bloco dominante. A conglomeração bancária defendida e estimulada por Delfim permitiu a concentração do capital financeiro nacional, enquanto a expansão desenfreada do crédito e da especulação fez brotar como fungos inúmeros "agentes" financeiros. Enquanto diminuía o número de bancos comerciais, eixo central do processo de concentração, aumentava vertiginosamente o número de agências e de agentes financeiros independentes.

A concentração da propriedade e a dispersão dos pequenos capitais encontrou o seu símile na distribuição pessoal de renda urbana. Nas áreas atrasadas do campo, a concentração de renda agrária continuou inalterada como nos velhos tempos; mas piorou nas áreas onde o capitalismo agrário-exportador se modernizava aceleradamente.

A continuação do arrocho nos salários de base, patamar de referência para as negociações coletivas, debilitou o poder de negociação dos trabalhadores, já politicamente enfraquecido pela permanente ameaça de intervenção do Estado nos sindicatos. A massa de salários cresceu com o aumento do emprego, e a criação de novos postos de trabalho qualificado permitiu uma diferenciação da força de trabalho e das taxas salariais. Mas o crescimento do salário médio industrial nem de longe acompanhou o crescimento da produtividade.

Em contrapartida, observou-se a proliferação de milhares de postos de executivos e gerentes nas grandes empresas públicas e privadas, com altos vencimentos e padrão de vida de nível internacional. Expandia-se também a nova classe média urbana ligada aos modernos esquemas de comercialização e ao sistema financeiro. Entraram em cena os moços de fisionomia asséptica, bem-barbeados, gravatões de seda pura, tendo em mãos a indefectível pastinha preta do glorificado mercado de capitais.

A cúpula dos novos mandarins da república estabilizou-se nos postos de mando, e os quadros intermediários começaram a circular ativamente e com desenvoltura no nervoso eixo Rio-São Paulo-Brasília. A seleção dos quadros dirigentes se fazia num restrito círculo de um grupo da elite militar e civil que se alternava nos postos de comando político e na gestão empresarial do Estado e do setor privado. Era a reprodução ampliada e escancarada da velha "circulação das elites".

Na base da pirâmide social, a mobilidade horizontal e espacial significou novas oportunidades de miséria. Milhões de trabalhadores rurais em peregrinação na busca de sobrevivência percorriam o Brasil. Milhões desaguaram nas grandes cidades, fazendo o estágio temporário na construção civil, inchando as periferias e desembocando finalmente na marginalidade.

Nas fábricas, a idade de mais de 70% dos trabalhadores oscilava entre os 18 e os 24 anos. Terminada a estabilidade no emprego, tão louvada no Japão mas odiada pelo empresariado brasileiro e o multinacional aqui instalado, o rodízio da mão-de-obra expelia a população trabalhadora como se fosse óleo queimado. O mercado de trabalho informal se agigantou, a participação feminina aumentou. Cada família se esforçava por dobrar o número de membros na força de trabalho para pagar a mesma cesta de subsistência. Subiu o custo da alimentação, do aluguel e do transporte. Caíram os preços relativos dos eletrodomésticos e dos automóveis. Assim se distorciam os padrões de produção e consumo com referência à base de necessidades concretas da sociedade brasileira. Mas o mercado, em seu conjunto, expandiu-se.

Quando se revelaram os primeiros indicadores sociais do período, surgiu o contorno reverso do "milagre". Os resultados do Censo demográfico de 1970 e das subseqüentes Pesquisas Nacionais por Amostra de Domicílios (PNAD), do IBGE, mostraram resultados aterradores. A paisagem social desoladora, no campo e nas grandes cidades, era a contraface da expansão do mercado interno e externo, do endividamento acelerado e da exacerbação das aspirações de consumo e de sucesso que embriagavam as mentes das novas classes médias.

O clima de otimismo contagiou até os mais pobres, como demonstram pesquisas de opinião e estudos sociais da época. "Brasil, ame-o ou deixe-o", desafiava o *slogan* do autoritarismo exultante, brindado além de tudo pelo tricampeonato mundial de futebol! A esperança de melhores dias e o dinamismo da máquina capitalista preparavam o clima psicológico para o projeto do Brasil Grande. A Bélgica dentro da Índia, ou a Belíndia, na adequada imagem de Edmar Bacha, breve daria lugar ao sonho da Grande Potência. Estava preparado o cenário para a versão tropical do grande salto para a frente.

III. Do "Milagre" à Megalomania: O Sonho da Grande Potência

Ao "milagre" econômico produzido pelas forças cegas do "capitalismo selvagem", que sob o estímulo do Estado avançaram sobre os espaços abertos pela repressão sindical e política, sucedeu a iniciativa megalômana do grande salto para a frente da era Geisel. A realização do sonho da grande potência pressupunha o reagrupamento das forças econômicas dispersas e sua subordinação ao comando unificador do Estado, a fim de aumentar a potência de ataque aos novos montes castelos vislumbrados. A disciplina do Estado, antes exercida para efeito exclusivo de controle social e político dos trabalhadores e das classes médias inconformadas, deveria estender-se agora também ao capital.

Enquanto exprimiu apenas uma intenção ideológica, o projeto da grande potência não seria motivo de disrupção do pacto fundamental de poder que associou a elite militar, e seus prepostos tecnocráticos, aos donos efetivos do poder econômico. Ao contrário. A proposta "política" do Governo Geisel, a despeito do forte conteúdo autoritário e centralizador, usava também de uma retórica tranqüilizadora da ideologia das classes dominantes ao assegurar o compromisso formal com a economia de mercado num ambiente não-conflitivo entre capital e trabalho. Por isso não assustou de início.

Logo no pronunciamento da primeira reunião do Ministério em sua administração, o general-presidente proclamou a mobilização geral da sociedade em torno da estratégia de desenvolvimento concebida no estado-maior do governo, e fixou as posições dos diferentes segmentos sociais no plano geral de batalha. O professor Carlos Lessa fez a exegese desse discurso num acurado ensaio analítico que ilumina esse período a fundo:

> O Estado faz as opções, elege prioridades e traça as diretrizes conseqüentes. Aos comandados é fixada a ordem de batalha e lhes compete executar as tarefas correspondentes. (...) O comandante supremo dispõe que todos os

dirigentes públicos e privados devem perseguir os objetivos prefixados. Quanto aos subordinados, delimita campos e atribuições específicas. O pronunciamento da primeira reunião ministerial fixa o espaço e atuação para os sindicatos. Será perseguido "o fortalecimento da estrutura sindical tanto na cidade como no campo, possibilitando-se a seleção de uma liderança autêntica e mobilizando-se os sindicatos para sadia cooperação às atividades culturais e educativas, inclusive a educação sanitária e educação física".

Outro parágrafo enquadra toda a chamada Sociedade Civil ao dizer: "Aos organismos intermediários que, nos mais variados setores de atividade, compõem todo o rico complexo da sociedade brasileira, não só lhes reconheceremos e garantiremos o pleno exercício dentro das limitações estatuídas em lei, mas poderemos até aceitar-lhes a colaboração desinteressada, leal e nunca impositiva, ou mesmo incentivar e auxiliá-las em seus nobres propósitos, desde que julgados de benemerência ou utilidade real para o País." Em tom benévolo o Estado garante a existência da Sociedade Civil, porém adverte: "O que lhes não poderemos nem devemos outorgar, no resguardo da própria dignidade do Poder Federal, será a intromissão, sempre indevida, em áreas de responsabilidade privativa do Governo, a crítica quando desabusada ou mentirosa, as pressões insistentes e descabidas que partam de quem não tem o mínimo compromisso inerente ao múnus público."[1]

O eixo central de orientação do plano de batalha eram as ambiciosas metas econômicas do II PND. Pretendia-se nada menos do que, de forma simultânea, concluir o ciclo de instalação da indústria pesada, acabar de internar a indústria de bens de capital e completar o parque industrial de insumos básicos e de bens intermediários; e expandir os serviços de infra-estrutura econômica a cargo das empresas e autarquias estatais, sobretudo nos setores de energia, transportes e telecomunicações.

O regime, que se surpreendera "legitimado" por realizações econômicas não-previstas no período imediatamente anterior, oficializou a economia como ideologia de legitimação através dos objetivos hiperbólicos do II PND. Mesmo porque, em sua ótica, o desenvolvimento econômico pautava o desenvolvimento escalonado para a democracia plena, prometida como ideal distante – pois "antes de tornar-se um ente político, o cidadão precisa ter sido um indivíduo de físico sadio e limpo, precisa ser também consciente, racional e sociabilizado", como pontificou numa mensagem o general-presidente.

À visão não-conflitiva da sociedade, expressa no princípio do relacionamento *harmônico* entre capital e trabalho, o II PND agregou uma visão não-conflitiva do próprio processo econômico. O Estado todo-poderoso, além de fixar diretrizes e objetivos ao capital, deveria vigiar para garantir um perfeito e equilibrado balanceamento entre suas três partes – a estatal, a do capital privado nacional e a do capital internacional. O diagnóstico oficial reconhecia o capital privado nacional como a pata fraca do tripé, que devia ser protegida e fortalecida contra o leviatã estatal e o poder do capital estrangeiro. Mas tanto às estatais quanto às empresas estrangeiras se reservava um espaço de atuação adequado, coerente com a função que lhes era reservada ou com a contribuição delas esperada no processo de desenvolvimento.

Ao capital nacional industrial, o elemento mais débil no interior da pata fraca, reservou-se algum espaço nos setores mais dinâmicos, como a indústria de bens de capital e parte da petroquímica. Esta última seria formalmente articulada num esquema tripartite sob o comando de uma subsidiária da Petrobrás, a Petroquisa. Já no setor de bens de capital, alavancado pelas encomendas dos gigantescos programas do setor público, reservou-se ao empresariado nacional o crédito subsidiado do BNDE. Naturalmente, as filiais de empresas estrangeiras eram também beneficiárias do programa de encomendas, sobretudo nos setores de equipamentos rodoviários e hidrelétricos. Contudo, como a demanda estimada era enorme e o financiamento externo, abundante, não houve no início protesto significativo do empresariado nacional contra a concorrência externa. Ou do capital internacional contra a "substituição de importações". Ou de ambos contra a "estatização". Presumia-se haver espaço suficiente para todos.

Com efeito, muitas empresas de capital estrangeiro viram no II PND uma sinalização favorável aos seus investimentos e de fato montaram novas instalações no País. Outras ampliaram instalações preexistentes. Moviam-se segundo a direção aparente do vento, uma vez que créditos externos abundantes e "baratos" estavam sendo assegurados às empresas estatais para financiar, entre outros ambiciosos empreendimentos, um dos programas de energia de maior escala em todo o mundo capitalista.

Em outras circunstâncias, as agências e bancos internacionais financiadores teriam resistido a se comprometerem tanto com programas de inversões desse porte sob a liderança do Estado. Em geral se apresentavam como "liberais" e privatistas. Havia, porém, uma explicação para a mudança de critérios. A economia mundial enfrentava, na época, a forte recessão decorrente do processo de ajustamento ao primeiro choque do petróleo. A reciclagem dos petrodólares apresentava-se como um problema de dimensões consideráveis. Diante disso, os credores consideravam o Brasil como um dos poucos mercados com potencial de expansão *interna*, isto é, também eles se iludiram com as promessas de uma "ilha de prosperidade cercada de crises por todos os lados" e com o discurso oficial de que a dívida externa brasileira estava sob controle e era "bem administrada".

Entendiam, além disso, que o programa de substituição de importações não significava diminuir as encomendas de bens de capital, senão aumentá-las, tanto para as filiais residentes como para as matrizes no exterior. Assim, o Brasil foi considerado um bom risco. E créditos abundantes atados a projetos estatais foram prazerosamente concedidos pelos bancos internacionais privados em busca de mercados para a reciclagem dos petrodólares.

A natureza do financiamento externo era, em verdade, altamente instável e temerária. Embora contratadas a prazos de oito a dez anos, tratava-se na realidade de linhas de crédito renovadas continuamente com a repactuação da taxa de juros a cada seis meses, tomando-se por base a taxa de crédito interbancário em vigor no euromercado no momento da repactuação ou a taxa *prime* dos bancos norte-americanos. Evidentemente, esse não era um esquema seguro de financiamento de projetos de longo prazo de maturação, em especial quando os *cruzeiros* correspondentes ao crédito externo deviam ser pagos com receitas constituídas a partir de tarifas baixas, ou de preços administrados com margens baixas de rentabilidade por unidade de capital investido.

Não só isso. Os dólares não se destinavam apenas a financiar importações. Grande parte devia converter-se em cruzeiros, reciclados por agentes financeiros internos para pagamento às grandes construtoras. Assim surgiu a gigantesca máquina de intermediação financeira que "dolarizou" o sistema de crédito interno e atou a política financeira doméstica aos destinos do dólar no mercado internacional. Como, nessa época, o dólar estava se desvalorizando frente ao padrão monetário de outras economias industriais avançadas, os tecnocratas caboclos acharam que estavam propiciando ao País um excelente negócio. Os sonhos de longo prazo podiam ser concretamente financiados a curto prazo com altos ganhos especulativos para banqueiros nacionais e internacionais.

Salvo os contumazes economistas de oposição, sempre prontos a tudo criticar, poucos se deram conta das armadilhas postas por esse capitalismo de tolos. Paradoxalmente, alguns nacionalistas de esquerda apoiaram o projeto autoritário, de pseudo-hegemonia estatal, sob diferentes justificativas ideológicas. Uns em nome do princípio da "soberania nacional", como no exemplo clamoroso do apoio do senador Roberto Saturnino ao programa nuclear. Outros em nome da necessidade de desenvolvimento da "base técnica" da economia ou de suas "forças produtivas". Outros ainda em nome da criação de um empresariado nacional dinâmico capaz de dar o salto para o estágio de produtor de tecnologia nacional.

Curiosamente, foi do lado desse último segmento, o do empresariado industrial de bens de capital, baseado principalmente em São Paulo, que surgiram, já em 1977, os primeiros brados de protesto contra a "estatização" – uma estatização que, de forma indiscutível, os beneficiava como fonte primária de seu mercado. Contudo, a palavra "estatização" começava a exprimir também, a partir de então, o incômodo pela ausência de uma política clara de reserva de mercado e pelo excessivo endividamento externo, ambos conspirando para aumentar a concorrência dos equipamentos estrangeiros com os nacionais e para substituir a "poupança interna" por "poupança externa" na composição do investimento.

O montante de crédito em dólares tomado pelo País era de fato excessivo e boa parte não constituía poupança de nenhuma espécie, já que era muito superior ao déficit corrente de mercadoria e serviços, e ultrapassava de longe o próprio serviço da dívida acumulada no período anterior. Mas a acumulação de reservas internacionais dava uma sensação ilusória de segurança e tornou-se, a partir de certo momento, o objetivo central da política de endividamento. Era apresentada como condição indispensável e suficiente, do lado externo, para viabilizar o projeto em marcha de grande potência, impulsionado e orientado pelo Estado.

O aumento da dívida, contudo, resultava de medidas econômicas internas ou produzia efeitos econômicos e financeiros que exacerbavam os conflitos de interesse entre os blocos de capital. O Estado, propulsor e avalista do crescimento *harmônico* desses blocos, não só se revelava impotente para arbitrar os conflitos sem impedir perdas e ressentimentos, como ameaçava provocar prejuízos maiores por conta de seus próprios movimentos de curto prazo na política econômica. Daí a grita aparentemente injustificável contra a estatização a partir daqueles que tanto se beneficiavam dela.

O recrudescimento da inflação a partir da segunda metade de 1973 deveu-se basicamente ao alinhamento dos preços internos aos preços externos em alta no mercado internacional. Esse alinhamento é inexorável numa economia internacionalizada. No caso brasileiro, porém, o efeito se agrava porque os setores mais afetados são aqueles cuja produção pode ser destinada simultaneamente ao consumo interno e à exportação. O estímulo às exportações de matérias-primas de origem agrícola acaba regulando os preços da produção interna de bens de alto consumo, sobretudo os da indústria alimentar.

Assim, a subida de preços internacionais afetou, numa primeira etapa, os preços agrícolas internos e, em conseqüência, acionou o mecanismo de remarcação de preços industriais e de proteção das margens de lucro das grandes empresas que operam nos setores de consumo de massa. Isso reforçou a tendência à elevação dos preços relativos dos bens de consumo generalizado, já manifesta no período do auge do crescimento, em contraste com a queda das margens de lucro dos setores industriais de bens duráveis e de bens de capital. A conseqüência foi uma queda no poder de compra dos salários, em 1973 e 1974, mantendo-se porém a taxa de acumulação de capital, subsidiada pelo movimento de preços a seu favor e pelas políticas públicas de investimento.

O segundo movimento de elevação de preços internos decorreu da forte elevação dos preços do petróleo e demais matérias-primas estratégicas em 1974. Esse choque ocorreu quando a produção *corrente* da indústria já se encontrava em ritmo declinante de crescimento, estimulando políticas generalizadas de remarcação de preços como defesa da margem bruta de lucro em face de um ritmo de vendas em declínio. Nessa situação, impunha-se, sob pena de paralisação do ritmo dos negócios, uma expansão do crédito bancário comercial que fosse ao menos suficiente para acompanhar a elevação de preços e o aumento das vendas. Mas em tais circunstâncias o crédito comercial não pode ser invocado como mecanismo mais importante de realimentação inflacionária.

A partir de 1975, os mecanismos de realimentação da inflação são sobretudo financeiros. As empresas têm de se endividar a taxas de juros crescentes para reciclar o mesmo montante de dívida primária, o que eleva o custo financeiro por unidade de produção corrente. Também os consumidores estão obrigados a um crescente endividamento para manter o mesmo nível de consumo. Essas dívidas "secundárias" são, porém, estéreis do ponto de vista do financiamento do gasto adicional em investimento e consumo e se convertem numa engrenagem autocumulativa de endividamento das empresas públicas e privadas e dos consumidores. O processo de aumento geral do endividamento obrigou as empresas e as famílias a pressionarem por uma "demanda" adicional de crédito que sancionasse a elevação acentuada das taxas de juros nos mercados de crédito corrente. Mais do que isso, permitiu que o sistema financeiro fixasse arbitrariamente taxas de juros exorbitantes a pretexto de "escassez" de crédito bancário.

Disso resultou uma carga financeira crescente sobre a renda líquida disponível de todos os agentes econômicos com baixo poder de defesa de seus rendimentos, em particular os assalariados, as pequenas e médias empresas privadas e as empresas de serviços de utilidade pública. As tarifas voltaram a apresentar, como no passado, uma defasagem em relação aos outros preços e aos custos dos serviços, embora tenham partido, desta vez, de níveis absolutos de tarifação extremamente penosos para os consumidores não-preferenciais.

Dentro desse panorama amplo de endividamento externo crescente e de retomada das pressões inflacionárias é que se exercitaram as políticas econômicas de curto prazo do ministro Mário Henrique Simonsen. De elegante contorno ortodoxo, em teoria, foram, como se verá, de um efeito prático seletivo, devastador da já precária estrutura de financiamento do setor produtivo, tanto privado quanto do Estado.

A ortodoxia de compromissos

Com a ascensão do general Geisel ao Planalto, em 1974, o comando da economia coube a uma dupla que representou uma espécie de solução de compromisso entre a ortodoxia de Bulhões e o pragmatismo (ou desenvolvimentismo) de Delfim. Mário Henrique Simonsen, na Fazenda, não tinha a vocação dominadora de seu antecessor, nem o general Geisel tinha a intenção de se manter alienado das decisões econômicas (ou das decisões de Estado, em geral), como o eminente torcedor do Grêmio de quem recebera a faixa presidencial. Mais pela influência do presidente, cuja alma por certo se sensibilizava com a antevisão do Brasil-Potência, o Ministério do Planejamento, conduzido pelo até então apagado João Paulo dos Reis Veloso, recuperou parte do antigo brilho, como artífice e coordenador do ambicioso II Plano Nacional de Desenvolvimento.

Na Fazenda, porém, é que estão os controles diretos da condução da política econômica, sobretudo de curto prazo. E numa época de crise aguda, como a inaugurada com a quadruplicação dos preços do petróleo em fins de 73, são as políticas de curto prazo que tendem a predominar, pois se trata fundamentalmente de superar restrições imediatas. A mais evidente delas era a da balança de transações correntes. Mas essa restrição externa condicionava necessariamente a política interna de juros e de crédito, que por sua vez condicionava a política de câmbio, que por sua vez influía na administração da dívida interna, que por sua vez...

As circunstâncias internacionais permitiram que se pudessem conciliar, temporariamente, num mesmo arcabouço de política econômica, os objetivos de equilíbrio de curto prazo perseguidos por Simonsen com as metas de manter o Brasil como "ilha de prosperidade num mundo de incertezas", traduzidas do II PND de acordo com a retórica retumbante de Veloso. O elemento fundamental de conciliação continuava sendo o crédito externo, mas agora numa proporção e a um custo que teriam necessariamente efeitos consideráveis também de curto prazo, exigindo resposta imediata na política econômica interna.

Um acadêmico de convicções ortodoxas, Simonsen iniciou sua administração movendo-se no sentido de desmontar o aparato heterodoxo e casuístico construído por Delfim. Relaxou os controles do CIP e anunciou a progressiva liberação de preços, aceitando como inevitável algum efeito inflacionário sob o eufemismo de inflação corretiva. Repetia, de forma mais generalizada, a iniciativa de Bulhões na década anterior em favor da "verdade tarifária". Desatou também os controles das taxas de juros, a fim de acentuar o diferencial entre as taxas internas e as internacionais, forçando a captação externa – sempre coerente, porém, com a liberação dos preços e com a visão neoclássica da melhor alocação dos recursos pelo mercado "livre". Descongelou os empréstimos externos retidos no Banco Central. Como manda a boa tradição dos economistas ortodoxos brasileiros, foi de extrema liberalidade em tudo, menos, obviamente, nos salários. A legislação salarial continuou mandatória e sob estrito controle estatal.

Quanto aos juros, adicionava-se uma justificativa prática imediata para sua liberação no mercado interno. Com o agudo déficit na balança de transações correntes, a partir de 1974, a política de atração de capitais de empréstimos deixou de ser um expediente de efeito simbólico na demonstração da solidez externa do País para se transformar num imperativo do equilíbrio do balanço de pagamentos.

Em 1973, o déficit de transações correntes atingira quase 1,7 bilhão de dólares. Como se contrataram 4,3 bilhões de dólares sob a forma de empréstimos e financiamentos e entraram 977 milhões sob a forma de investimentos, não só o déficit foi folgadamente coberto, como as reservas internacionais se elevaram de 4,2 bilhões, em 1972, para 6,4 bilhões de dólares em fins de 1973. No ano seguinte, por força do aumento dos preços do petróleo e de outras matérias-primas importadas, acompanhado de uma onda compradora especulativa, o montante das importações mais do que dobrou. As exportações aumentaram, mas num ritmo muito menor, abrindo o déficit comercial recorde de 4,7 bilhões de dólares e um déficit de transações correntes de 7,1 bilhões.

Contudo, novamente o déficit pôde ser coberto apenas com leve perda de reservas – esta por conta de pagamento dos juros da dívida passada, pois foi também recorde a contratação de empréstimos (7,355 bilhões de dólares) e se manteve estável o nível de investimento estrangeiro (945 milhões de dólares). Por trás desse "sucesso" estava, fundamentalmente, a nova política de juros que aperfeiçoou os atrativos anteriores ao capital de empréstimo em face das novas condições internacionais. Com efeito, em 1974 a essência da crise financeira mundial consistia na incerteza quanto à capacidade do sistema bancário de promover o ajustamento rápido entre as posições superavitárias dos exportadores de petróleo e as posições deficitárias do resto do mundo. Temia-se uma crise de liquidez generalizada. Isso não ocorreu, mas o processo de reciclagem de petrodólares cobrou um preço alto: uma acentuada instabilidade nos mercados financeiros e uma elevação intermitente, mas de tendência firme, das taxas reais de juros.

Internamente, o governo continuou forçando a alta dos empréstimos em cruzeiros até um ponto no qual continuasse sempre vantajoso para o tomador recorrer a crédito no exterior. Além disso, era necessário manter uma política cambial coerente – em termos práticos, a regra das minidesvalorizações – a fim de não criar temores no devedor potencial. Diante da crise do balanço de pagamentos, podia ser tentadora a solução de uma brusca desvalorização do câmbio para conter importações e estimular exportações. Nas condições de 74, porém, isso seria considerado pouco menos do que uma traição do regime ao seu principal sustentáculo político até então, a classe empresarial, que havia confiado na política de acesso à "poupança" externa e se endividara lá fora na certeza de que as regras do jogo seriam mantidas. Uma maxidesvalorização seria encarada como um confisco injusto contra o devedor de boa fé, além de inibidora da tomada de novos créditos no exterior.

Assim, o ministro Simonsen preferiu tratar a crise do balanço de pagamentos com esse elegante método ortodoxo de tornar proibitivas as taxas de juros internas para forçar a tomada de crédito externo e compensar, na conta de capital, os déficits correntes. Mas como, de qualquer modo, o déficit comercial "especulativo" de 1974 atingira níveis alarmantes mesmo para um livre-cambista, concedeu em enfrentá-lo à parte com o recurso muito pouco sofisticado do contingenciamento de importações imposto no fim do ano. Ao mesmo tempo, mantinham-se e ampliavam-se os incentivos às exportações.

Na frente interna, o ministro cedo se defrontou com as "minas" que a administração anterior deixou armadas no sistema bancário. Aqui, novamente, o movimento inicial seguiria o figurino prescrito nos receituários ortodoxos. Simonsen fora um crítico convincente, e nisso cercado de razão, da estrutura permissiva do sistema financeiro brasileiro, onde o governo se tornara um bancador de última instância das aplicações do público, independentemente da idoneidade do intermediário e do caráter especulativo da aplicação. Escreveu um ensaio sobre isso, concluindo que nessas condições as taxas de juros jamais poderiam baixar desde a ponta de captação, pois na ausência de risco o investidor seria sempre atraído pelas maiores taxas, e uma maior taxa sempre seria oferecida na guerra competitiva entre os bancos. Consta que o general Geisel lera o texto e impressionou-se tanto que decidiu fazer do autor seu ministro da Fazenda.

Foi, pois, com o propósito de reintroduzir o conceito de risco no mercado financeiro, através de um ato cirúrgico exemplar, que Simonsen concordou em detonar o conglomerado Halles, a 16 de abril de 1974, exatamente um mês depois de assumir o Ministério da Fazenda. Em confronto com a permissividade da era delfiniana, tratava-se de um gesto de alto efeito simbólico. Por quaisquer critérios que se examinasse a iniciativa, ela estava plenamente justificada – o que ficou ainda mais evidente com o resultado do inquérito da intervenção.

O Halles era um exemplo típico de administração bancária temerária e irregular, mergulhara numa crise de liquidez insolúvel e apresentava um déficit econômico de proporções gigantescas. O conglomerado tinha uma grande rede comercial, mas crescera sobretudo pelo acesso fácil que o banco de investimento tinha às linhas de repasse oficiais e ao crédito internacional. A péssima gestão de ativos, inclusive uma desastrada incursão no mercado internacional de soja através de uma empresa comercial por ele controlada, expôs o banco à suspeição do mercado, logo reforçada pela abertura das taxas de seus títulos – indício certo de dificuldade de captação e crise de liquidez. O "estouro" era justificado e inevitável.

Contudo, essa primeira experiência de intervenção do Banco Central em instituição financeira, sob a égide da Lei 6.024, longe de se constituir em exemplo e advertência, revelou-se um completo fiasco. A gestão da intervenção no banco comercial foi delegada ao antigo Banco do Estado da Guanabara, hoje Banerj. Essa delegação já era uma extrapolação em relação à letra da lei, justificando-se pela falta de quadros preparados do próprio Banco Central. Mas isso seria de pouca relevância diante da gestão em si. Tendo recebido recursos oficiais para pagar o passivo do Halles, o BEG deveria tentar realizar o ativo a fim de ressarcir o Tesouro e, se fosse o caso, cobrar dos acionistas o déficit subsistente. Para isso, os bens deles, de acordo com a lei, deviam ficar indisponíveis.

Em lugar de realizar esse ativo, o BEG simplesmente o registrou pelo valor contabilizado. Ou seja, aceitou como *bons* todos os créditos do Halles e como fiéis todas as avaliações implícitas em seus balanços suspeitos. Finalmente, integrou na própria contabilidade ativo e passivo do Halles, dando por encerrado o assunto com os acionistas do banco em liquidação. Estes, espertamente, recorreram à Justiça. Pela manifesta ilegalidade do ato praticado, arriscavam-se a ganhar a ação. Mas o BEG antecipou-se: fez um acordo, pagando aos acionistas Cr$ 100 milhões da época pelo controle da massa liquidanda!

No entanto, mais grave que o brutal prejuízo que impôs ao Tesouro, esse desfecho do caso Halles provocou um irreparável dano moral sobre o ânimo disciplinador das autoridades econômicas. Administrado por Roberto Campos, o Banco União Comercial era o próximo dos grandes na lista de estouros iminentes, em conseqüência de erros semelhantes de gestão bancária – sobretudo, concentração de empréstimos vultosos em duas dezenas de empresas comprometidas com empreendimentos de alto risco, algumas delas a caminho da concordata. Como o Halles, o grupo crescera sobretudo administrando repasses e crédito externo, deixando estiolar-se o banco comercial. Quando os problemas de liquidez do BUC se tornaram evidentes, pelos *furos* sucessivos na compensação, Simonsen, assustado com as reverberações no mercado da recente intervenção no Halles, decidiu recuar de seus propósitos profiláticos e contornar o problema. Recorreu, para isso, à fórmula delfiniana da intervenção branca, coordenando uma "solução de mercado" para o BUC, enfim absorvido nas entranhas do conglomerado Itaú.

Para encaminhar essa operação, porém, agora que havia uma lei disciplinando as intervenções "saneadoras" do Banco Central, foi necessário apelar para a "imaginação criadora" – essa habilidade peculiar do espírito pragmático brasileiro, também conhecida como *o jeitinho*. A intervenção e a liquidação extrajudicial tinham vários inconvenientes, no marco da Lei 6.024, mas nenhum deles poderia comparar-se, do ponto de vista do interesse público geral e do disciplinamento do mercado, aos remendos introduzidos para encaminhar a transferência do controle do BUC aos novos donos.

De acordo com a lei, o decreto de liquidação de uma instituição financeira implicava o congelamento imediato de seu passivo – isto é, cessava a incidência de correção monetária e de juros sobre suas obrigações junto ao público, como depósitos a prazo, letras de câmbio ou certificados de depósito bancário. Até 1976, também os débitos junto a instituições oficiais ficavam congelados. Em contrapartida, seu ativo, constituído por empréstimos e bens, iria se valorizando normalmente, de acordo com os contratos ou com a evolução do próprio mercado.

É razoável supor que uma empresa levada à liquidação geralmente tinha no seu comando uma administração no mínimo inepta e, na esmagadora maioria dos casos, improba. O caso paradigmático é do acionista controlador que lança mão dos recursos captados do público para irrigar a fortuna pessoal elidida através de maquinações contábeis tanto do lado do passivo (lançando títulos *frios*) quanto do ativo (emprestando a si mesmo através de empresas-fantasmas ou testas-de-ferro). Quem sabia tão bem contornar regulamentos do sistema financeiro para progredir com esse tipo de operações fraudulentas por certo teria a perícia necessária, quando esbarrasse numa liquidação, para utilizar todos os recursos jurídicos à mão a fim de embaraçar a fluidez do processo normal de realização do ativo e pagamento do passivo, com o objetivo de se aproveitar do congelamento legal deste. Com isso, uma sociedade que fosse economicamente deficitária no ato da intervenção ou posterior liquidação tornava-se, ao longo do tempo, superavitária, cabendo aos donos originais, que em geral se haviam apropriado antes dos recursos correspondentes ao déficit da sociedade, o direito ao rateio do superávit produzido pelo processo inflacionário.

Isso significa que caberia sobretudo ao investidor financeiro, cliente da instituição, tanto quanto aos credores comerciais e oficiais, o grosso do prejuízo de uma intervenção/liquidação. Os aplicadores e credores em geral eram meramente relacionados no quadro geral de credores à espera do moroso processo de realização do ativo, sem qualquer meio de ação para acelerar o recebimento de seus créditos. Havia nisso um prêmio implícito à fraude, mas também um certo sentido pedagógico. Já na intervenção do Halles, a aplicação rigorosa dessa regra teria provocado no mercado bancário apenas algumas marolas a mais, além do terremoto representado pela quebra, mas de alguma forma poderia contribuir para sua moralização.

Em lugar disso, o governo adotou uma solução de meio termo, consolidada por ocasião da intervenção branca e posterior negociação da transferência do BUC ao Itaú. Através do criativo Decreto-Lei 1.342, se autorizou a pagar com recursos da reserva monetária os passivos das instituições sob intervenção ou em liquidação. Ao mesmo tempo, investia-se no crédito correspondente contra a massa – no início, sem direito a correção monetária. Mediante essa fórmula engenhosa, o Tesouro, e não o investidor, arcou com os custos dos grandes *rombos* produzidos por dezenas de instituições financeiras geridas temerária ou fraudulentamente, que foram estourando em série na segunda metade dos anos 70. Assim se salvaram os arrivistas e os grandes escroques da era do "milagre", enquanto na outra ponta se estimulava a especulação e se protegia o especulador.

Prosperou dessa forma a especulação financeira sem limites. A única diferença em relação ao período precedente era que, com a crise externa e seus reflexos internos, sobretudo na taxa de juros e no nível de liquidez, as crises financeiras se tornaram mais freqüentes. Os vistosos conglomerados produzidos da noite para o dia durante o "milagre" eram os mais vulneráveis e foram explodindo em cadeia, arrastados pelos vínculos que tinham com os primeiros a estourar, o Halles e o BUC. Seguiram-se as liquidações do Grupo Ipiranga, do Lume, do Áurea, do TAA e do UEB/Independência-Decred. Em regra, o governo intervinha, "limpava" o passivo da instituição e patrocinava a transferência do ativo saudável a um novo grupo, que para isso recebia generosos financiamentos subsidiados.

Em todos esses estouros prevaleceu o princípio de "resguardar os superiores interesses do mercado", pelo qual o Tesouro pagava imediatamente o passivo financeiro da instituição em crise e assumia o crédito correspondente, congelado. Criou-se uma diretoria própria no Banco Central, a denominada de Operações Especiais, para acompanhar as liquidações. Os responsáveis privados por gestão fraudulenta ou temerária tinham todo o interesse em prolongá-las indefinidamente, a não ser quando um "acordo" lhes antecipava as vantagens certas que o tempo e a inflação lhes garantiam. Na realidade, sobretudo na área do SFH, nenhuma das liquidações que suscitaram litígio judicial protelatório, desde as primeiras de 1975, chegou até hoje a seu termo. As que terminaram, tiveram que contar com a boa vontade do empresário "castigado", e essa boa vontade teve de ser comprada num "acordo" a peso de ouro.

As crises das instituições do mercado financeiro se entrelaçaram com as condições de estrangulamento do balanço de pagamentos, a partir de 1974, concorrendo para a queda da liquidez interna, a elevação dos juros e uma natural tendência para a concentração de aplicações em títulos públicos ou de grupos nacionais e internacionais de sólida reputação. Seja para atender aos reclames do mercado contra a tendência à "estatização" do crédito, seja porque o País estava de fato perdendo reservas – e, portanto, *enxugando* a liquidez interna –, Simonsen determinou o resgate das LTN em circulação e a virtual paralisação de emissão de novas ORTN. A reação do mercado, porém, não foi voltar-se para os desmoralizados títulos privados, mas sim aplicar um ágio nos papéis oficiais em circulação. Não só isso: introduziu no circuito das operações de refinanciamento diário no mercado aberto títulos tão impróprios para isso quanto as Obrigações Reajustáveis da Eletrobrás, de 20 anos de maturação. Desenvolveu-se a partir daí um verdadeiro frenesi especulativo sob a ostensiva proteção do Banco Central.

O esgotamento do ciclo de consumo durável, juntamente com um certo aperto de liquidez real da economia em 1974 – 33,5% de expansão dos meios de pagamento, 34,5% de inflação e uma expansão do PIB de 9,5% –, se fez sentir no ano seguinte, com um crescimento de apenas 4% do produto, o nível mais baixo desde 1965. As autoridades econômicas se assustaram. No fim do ano anterior, exatamente para estimular a atividade econômica que dava sinais de declínio, o governo reduzira a quase zero o nível dos depósitos compulsórios dos bancos. Contudo, em vez de injetar os recursos assim liberados em atividade produtiva, os bancos preferiram mantê-los na fortaleza segura e de retorno imediato do mercado aberto.

Dessa forma, o ministro Simonsen se viu desarmado em 1975 de um instrumento convencional de irrigação da economia, justamente quando se previa a continuação da tendência de perda de reservas internacionais, como fator de contração da liquidez interna. Sua inventiva equipe criou, então, o chamado "refinanciamento compensatório". Através dele, o Banco Central entregaria à rede bancária comercial recursos próprios, ao custo irrisório de 6% ao ano, sem correção monetária, por prazo de três meses (depois prorrogado por mais três), a fim de que os repassasse aos demais agentes da economia, de acordo com seu próprio critério.

Os bancos reagiram, mais uma vez, com a seletividade e a "prudência" de sempre. Repassaram o grosso do dinheiro, não ao setor produtivo, mas sim a instituições financeiras para que financiassem suas carteiras de títulos no mercado aberto. Assim, os recursos governamentais supostamente destinados a pôr em funcionamento os motores da economia real voltavam às mãos do governo sem passar pelos canais produtivos, naturalmente com o legítimo desconto representado pelo custo de "intermediação" no mercado financeiro. Emitia-se dinheiro para nada – ou melhor, emitia-se o dinheiro de um lado para recolhê-lo com títulos do outro, gerando simultaneamente uma obrigação pública pela dívida assim criada.

Tão desastrada criatividade no sistema de empréstimos teria efeitos ainda mais perversos no mercado financeiro. O dinheiro barato do refinanciamento repassado às instituições do mercado teria, ao fim do prazo de seis meses, de percorrer o caminho inverso. Já estava, então, com seu valor reduzido pela inflação, não compensada por uma taxa de juros meramente simbólica. Assim mesmo, eram recursos vultosos (Cr$ 5 bilhões em valores correntes). Sua drenagem do mercado enxugou as carteiras de muitas instituições, as mais vulneráveis dentre elas não tendo conseguido meios de refinanciá-las quando as taxas de juros subiram.

Novamente o ministro da Fazenda acionou um original mecanismo de salvação para evitar quebras e "preservar os superiores interesses do mercado" – como um posterior relatório do Banco Central ao Senado descreveria o conjunto das operações desse tipo. Admitiu a recompra imediata pelo Banco Central dos títulos públicos em carteira das instituições com dificuldade de liquidez. Pelo valor de face. Quaisquer que fossem os prazos de maturação. Tornou, assim, à vista a dívida pública representada por títulos nominalmente de longo prazo, como as ORTN.

Mesmo esse expediente não bastou para salvar a totalidade das instituições ameaçadas, e por isso algumas foram alvo de gestos ainda mais amáveis por parte da autoridade econômica. O caso mais notório foi da Corretora Laureano, pertencente a um dileto amigo do então chefe da Casa Civil, general Golbery do Couto e Silva: não dispondo de títulos emitidos pelo Tesouro, viu convertida neles, graças a uma troca com a Caixa Econômica Federal, grande parte de suas Obrigações da Eletrobrás de até 20 anos de maturação. Também praticamente pelo valor de face, pelo que se sancionou toda a desenfreada e injustificável onda especulativa com esses papéis durante mais de três anos.

Nem isso bastou, porém. A Laureano acabou indo à garra de qualquer modo, sendo repassada no início de 1981 ao Grupo Coroa-Brastel. Finalmente, explodiu junto com esse conglomerado, em meados de 1983, num dos maiores estouros financeiros de todos os tempos no País, com grande repercussão política e seqüelas jurídicas e econômicas que seriam repassadas à Nova República.

A exacerbação do endividamento

Os primeiros tumultuados anos de política monetária e financeira, no Governo Geisel, não impediram o desenvolvimento do programa administrativo, justamente o mais ambicioso. Curiosamente, foi a crise externa em grande parte responsável por esse desempenho. Banqueiros externos não costumam financiar balanços de pagamentos de nações deficitárias. Mas provaram que não se recusariam a fazer isso se os empréstimos fossem mascarados como financiamentos a projetos específicos, mesmo que sob a responsabilidade do Estado – e mesmo que a parte substantiva deles correspondesse a gastos internos, em moeda local, e não em dólares.

As empresas estatais e de economia mista, e até autarquias federais como o DNER, foram utilizadas à larga como instrumento de captação de recursos externos durante toda a década de 70, e com maior ênfase a partir de 1977, até o início dos anos 80. Como eram também o instrumento principal de execução do II PND, os objetivos aparentemente contraditórios de equilíbrio externo e rápido desenvolvimento interno conciliavam-se nessa personalidade esquizofrênica que passou a dever cada vez mais em dólares e a aplicar cada vez mais em cruzeiros, para satisfação simultânea de banqueiros, construtores e grandes fabricantes de equipamentos.

O "êxito" dessa política pôde observar-se tanto no progresso físico do programa de investimento do setor público, embora num ritmo inferior ao projetado, quanto na recuperação das reservas internacionais a partir de 1976. O fenômeno desembocaria gradualmente na virtual estatização da dívida externa. De fato, a participação do setor público nos empréstimos externos em moeda sob o regime da Lei 4.131, que no início da década era inferior a 1/4 do total, em 1979/80 já ultrapassava os 3/4. Parte substancial dos recursos contratados ao amparo da Resolução 63 (empréstimos através de bancos) foi tomada internamente também por estatais de segunda linha.

Um influxo tão grande de recursos externos, com acumulação de reservas que em fins de 79 ainda eram da ordem de 10 bilhões de dólares, exerceu forte pressão expansionista na base monetária interna. Para contrabalançá-la sem afetar o objetivo maior de equilíbrio externo, Simonsen transformou um instrumento de controle fino e conjuntural da liquidez, o mercado aberto, num mecanismo permanente de enxugamento do excesso monetário gerado pela contrapartida em cruzeiros da farta disponibilidade de capitais em dólares. Para isso, reforçou a atração e a credibilidade dos títulos públicos, generalizando a correção cambial, e criou um colchão adicional de proteção dos tomadores de crédito externo contra o risco de câmbio, com a Resolução 432 do Conselho Monetário – que permitiu a esses devedores depositarem no Banco Central, a qualquer tempo, uma parte ou a totalidade do empréstimo nominado em dólar, arcando o depositário com os correspondentes custos externos das taxas de juros aos *spreads*.

Enquanto a política econômica global fazia expandir a dívida externa, num movimento cumulativo que se acelerava com os custos crescentes da dívida passada, a política monetária e financeira produziu uma dívida interna também crescente, reflexo da primeira. Como a dívida financeira externa, que crescia apenas para embonecar a posição de reservas e não para financiar o déficit de transações correntes, também a dívida financeira interna não financiava investimentos reais, mas apenas se retroalimentava com objetivos de política monetária. Era a chamada "esquizofrenia financeira" acoplada à "ciranda", conforme expressões cunhadas na época.

Na essência, a política econômica de Simonsen revelou, sob a máscara da ortodoxia que contornava a política monetária, uma crescente acomodação ao arsenal heterodoxo legado por Delfim, e logo ampliado. O mesmo acontecera com as intenções, também ortodoxas, de saneamento do mercado financeiro, a partir do momento em que as intervenções do Banco Central em instituições ilíquidas ou fraudulentas não custavam mais nada a ninguém, exceto ao Tesouro Nacional. Do figurino ortodoxo, foi preservado o que aproveitava ao imperativo tático de enfrentar o problema prioritário de embonecar o balanço de pagamentos.

As taxas de juros no reduzido mercado livre doméstico foram exacerbadas, mas não no sentido de estimular a "poupança", reduzir a atividade econômica, baixar a pressão inflacionária e conter importações, como prescrito num bom modelo de equilíbrio neoclássico. Foram exacerbadas para empurrar as empresas a se endividarem mais no euromercado, onde o crédito em moeda tornara-se novamente abundante, só que mais caro, portanto exigindo constante elevação do custo do crédito interno para manter o diferencial em favor do devedor externo.

Com idêntico objetivo, os preços de alguns serviços e bens produzidos pelo setor público foram contidos em 1975/76, assim como o crédito de longo prazo provido pelo BNDE às empresas públicas e mistas. Com isso se reduzia a margem de financiamento interno das estatais, forçando-as a recorrer ao crédito externo para manter sua pauta de investimentos. A "coerência" do modelo exigiu que o formidável programa de inversões levado a cabo nesse período pela Eletrobrás, Siderbrás (depois de uma certa indecisão até 1976), Nuclebrás, Petrobrás, Telebrás, RFF, DNER, Sunamam se apoiasse numa frágil relação capital próprio/capital de terceiros, com o comprometimento definitivo da estrutura financeira dessas entidades, a médio prazo, bem como de sua estrutura de custos, quando as taxas de juros explodiram de novo.

Essas inversões do setor público apoiadas em crédito sustentaram a taxa de crescimento, a despeito da queda do investimento privado que se observava desde a eclosão da crise do petróleo. Nem a abertura, pelo BNDES, de uma linha de crédito fortemente subsidiada para o financiamento a longo prazo do setor privado seria capaz de contrabalançar a tendência de maneira sensível. Onde a indústria de bens de capital, e sobretudo a de insumos básicos – os dois setores de substituição de importações eleitos como prioritários no II PND –, continuaram a se expandir era porque havia alguma forte associação com estatais ou por força de estímulos institucionais específicos – na petroquímica ou na indústria de celulose ou papel, por exemplo, ou na mineração exportadora.

A forma como a política monetária induzia a busca de crédito externo encarecia, inexoravelmente, o custo do crédito interno para a produção corrente. Numa economia indexada, como a brasileira, todo choque de preços devido a fatores conjunturais e transitórios (queda de safras, alta do petróleo, etc.) tende a produzir um efeito permanente ao fixar um novo patamar de inflação, mais elevado, devido ao mecanismo de realimentação da correção monetária. É que os setores não-atingidos pela primeira alta defendem sua renda ajustando os preços de seus bens e serviços aos novos custos; os novos preços afetam os custos dos setores onde se produziu a alta original, e uma nova onda de elevação de preços se tornará necessária para compensá-los, assim se generalizando o novo patamar da inflação.

A política de extroversão financeira induzida produziu, internamente, um primeiro choque ao elevar o custo do crédito de curto prazo para financiamento da produção corrente. E a cada novo aperto de liquidez no mercado aberto, para neutralizar a acumulação de reservas, os juros eram novamente forçados para cima. Além disso, a necessidade de manter o diferencial de taxas com o exterior implica pressionar os juros internos toda vez que a taxa internacional sobe – mas o inverso não acontece, a não ser nas cíclicas viradas de política com que o Banco Central costuma irrigar de ganhos patrimoniais as carteiras das instituições do mercado aberto. Dessa forma, o custo do dinheiro no segmento livre da economia tende a ser um ponto de resistência tenaz à queda da inflação e uma fonte permanente de pressão para acelerá-la.

A incompreensão desse ponto gerou, entre os empresários, uma certa visão fatalista da inflação brasileira, admitida como uma resultante inexorável da crise externa e da "estatização" do crédito doméstico. O elevado patamar dos juros internos, introduzindo em condições de economia indexada uma grande rigidez contra a queda da inflação, foi aceito "naturalmente" como um mecanismo geral indispensável para forçar a tomada de recursos externos e assim equilibrar o balanço de pagamentos. Essa explicação (oficial) elegante omitia três circunstâncias que desafiavam a eficiência do mecanismo, ou a seriedade de sua aplicação: primeiro – de 1977 até o segundo choque do petróleo, as reservas se acumulavam numa velocidade muito superior ao necessário para cobrir o déficit corrente e manter um saldo de segurança; segundo – não era a iniciativa privada, mas principalmente o setor público que estava buscando crédito no exterior; terceiro – o que empurrava de fato o setor estatal para fora não era o diferencial de juros, mas uma orientação deliberada de política econômica que incluiu desde o controle de reajustes de preços de seus bens e serviços até a proibição de acesso a linhas internas de crédito. Em resumo, uma política de reservas menos agressiva, uma política de mercado aberto menos restritiva e uma política monetária mais passiva, sem violência maior contra as "livres" forças do mercado do que a que já estava sendo cometida, teria forçado menos a expansão do endividamento e pressionado menos a inflação, tanto pelo lado dos custos dos juros quanto pela demanda global.

Do sonho à realidade

Do lado real da economia, a solução de compromisso entre desenvolvimentismo e ortodoxia produziu alguns inequívocos resultados. Desde 1975 manifestara-se no âmbito dos componentes privados do consumo e do investimento uma desaceleração do ritmo de crescimento. Os setores de bens de consumo durável e não-durável haviam sofrido acentuada queda de demanda, concomitantemente com a aceleração inflacionária e o corte de crédito ao consumidor.

As empresas multinacionais, principais responsáveis pelo investimento privado, tinham crescido durante o "milagre" apoiadas no seu poder de endividamento externo e na elevada capacidade de geração de lucros e de reinvestimento interno. Ampliaram a capacidade produtiva em todos os setores, do automobilístico ao têxtil e químico, do alimentar ao de bebidas e tabaco. Com a desaceleração do consumo e a subida da taxa de juros interna, abriu-se a margem de sua capacidade ociosa e elas desaceleraram fortemente seus investimentos na indústria. Fugiram para as zonas mais rentáveis do investimento especulativo no mercado financeiro ou no mercado de terras, na agroindústria exportadora ou na mineração. Data de então uma curiosa retomada da retórica em favor do novo modelo primário-exportador, com os cerrados e as províncias minerais prometendo um paraíso de expansão para o capitalismo internacional. Daí renasceu também um novo debate nacionalista, de muita repercussão e poucos resultados práticos.

Em contrapartida, os grandes projetos do setor público foram mantidos depois de 1977, embora a um ritmo consideravelmente menor. A eles se deveu a substituição de importações no setor de bens de capital e, já no fim do período, no setor de suprimentos de matérias-primas básicas, inclusive petróleo. Isso iria impedir o estrangulamento completo da atividade industrial quando, a partir de 1979, se agravou dramaticamente a situação do balanço de pagamentos.

No entanto, a redução de ritmo dos grandes programas estatais frustrou em boa medida as expectativas de crescimento a médio prazo dos produtores nacionais de equipamentos. Vendo minguar seu espaço de expansão e premidos pela concorrência externa, representada pelas quotas de equipamentos importados que vieram empurrados junto com os "pacotes" de financiamentos, elevaram o tom de seu protesto contra o novo surto de "estatização", numa crítica em que se misturavam, e ainda se misturam, vários componentes meramente ideológicos.

Nesse protesto, confundiram-se os argumentos contrários ao Estado autoritário e à sua crescente intervenção no domínio econômico, como poder político autônomo, com uma apreciação equivocada de seu papel de motor de sustentação do nível de investimento da economia e de promotor da formação de capital privado. Assim, muitos empresários não reconhecem o óbvio: que o investimento estatal e os subsídios é que sustentam sua atividade e mantêm suas margens de lucro. Em suma, não perceberam que, sem o programa do II PND, a economia teria mergulhado numa recessão profunda muito antes do "ajuste" de 1981.

As críticas pertinentes à política econômica do endividamento externo excessivo e irresponsável ficaram, novamente, por conta dos economistas de oposição. A esmagadora maioria do empresariado se alinhava ao coro dos que acreditavam, ou fingiam acreditar, que a administração da dívida externa estava sob controle, apoiava a política monetária restritiva e manifestava uma tolerância estóica com relação às altas taxas de juros, por entender que isso favorecia o combate à inflação. Como de hábito, aplaudiam o caráter conservador da política e protestavam contra seu lado progressista.

Havia também, por certo, como ainda há, um elevado grau de incompreensão da natureza do investimento público, impedindo a correta avaliação dos efeitos do programa de inversões do II PND. Enquanto o investimento público convencional, em construção civil e gastos sociais, garante uma taxa mínima de crescimento da demanda e representa um mecanismo estabilizador do ciclo, a criação de nova capacidade produtiva nas grandes empresas estatais industriais tende a ser, pelo contrário, fortemente desestabilizadora.

Trata-se de investimentos de grande porte, que geram uma descontinuidade de demanda ao setor privado, que lhes fornece equipamentos e serviços especializados de engenharia de projetos. Para que a capacidade da indústria privada fornecedora se mantivesse plenamente ocupada ou em expansão, seria necessário que o investimento público crescesse indefinidamente, descolado do seu próprio mercado. Em outras palavras, que se empilhasse uma Itaipu sobre outra, independentemente da expectativa de aumento da demanda de energia elétrica na economia. Embora, dito dessa forma, pareça um objetivo sem sentido, essa era a premissa implícita do II PND ao induzir a instalação subsidiada de um vasto parque de produção de bens de capital a partir de uma demanda concentrada sob forma de megaprojetos do setor público. A descontinuidade era inevitável: ou o setor público escalaria no investimento inútil, num segundo momento, ou o parque industrial de que era o mercado ficaria ocioso.

Em termos macroeconômicos, o investimento público, quando devidamente programado, consegue apenas sustentar um patamar mínimo de crescimento global. Se, mal programado, acentuar os efeitos desestabilizadores do ponto de vista da manutenção da demanda corrente da indústria de bens de capital, a economia mergulha num processo acentuadamente cíclico de curto prazo, isto é, de flutuações em torno de uma tendência à estagflação. Isso, por sua vez, agrava os problemas de financiamento corrente do governo por causa das flutuações na receita fiscal, o que configura um dos mecanismos clássicos do *stop and go* na política financeira pública.

Não se diga que uma tal avaliação dos componentes contraditórios internos do projeto e da execução do II PND, numa perspectiva objetiva, constitui hoje mero exercício de lógica reconstruída ou de "engenharia de obra feita", como costuma defender-se de seus críticos o professor Delfim Neto. Em janeiro de 1978, quando o monstro ainda estava em estágio embrionário, um de nós analisava as premissas e antecipava o resultado do projeto nos seguintes termos, que não vemos motivos para retocar sete anos depois:

"A hipótese de reforçar o 'Poder Nacional' ou de desenvolver uma base autônoma técnico-produtiva, através do crescimento auto-sustentado dos setores de bens de produção, implica uma modalidade *sui generis* de 'capitalismo monopolista de Estado' sem grandes possibilidades reais de sustentação, já que tanto sua base produtiva quanto sua base financeira e social de apoio são muito restritas. Do ponto de vista político, o projeto do Estado Nacional Autoritário levantado em 1974 não contou com o apoio popular, a que não beneficiava nem envolvia politicamente. Contou, apenas, do ponto de vista das classes dominantes, com o apoio de um setor restrito da grande empresa internacional (os grupos cartelizados de bens de equipamento pesado), de uma fração da mecânica pesada nacional e do bloco das grandes firmas de engenharia e construção. Ficaram fora do pacto todos os demais setores empresariais a que a demanda da indústria pesada não favorece. É fácil entender as razões da campanha, que se agravaram com o mal-estar político e a frustração de expectativas dos setores interessados.

"À margem do movimento de acumulação industrial, mas beneficiando-se dos excedentes não reinversíveis das grandes empresas, com capacidade ociosa e valendo-se da aceleração inflacionária, prosperou o setor financeiro nacional, a quem o endividamento interno e externo favoreceu e continua favorecendo sobremaneira. Ele tem sido a principal voz no coro contra a 'estatização', e seu adversário favorito são os bancos públicos, a que se responsabiliza pela 'estatização da poupança'.

"Esta posição não deixa de ser interessante, já que o setor financeiro nacional nunca demonstrou o menor interesse de cumprir o 'papel histórico do grande capital financeiro' – de centralizador do capital e promotor da indústria pesada nacional. Assim sua grita só pode ser interpretada como uma aliança tácita com o capital bancário internacional especulativo, vendo no conjunto dos fundos públicos e nas grandes empresas estatais fortes concorrentes por fundos financeiros que preferiam ter sob seu controle."[2]

Contudo, mesmo dessincronizado, o investimento público teria de produzir efeitos concretos na paisagem da economia. Até alguns severos banqueiros internacionais reconheceriam mais tarde, um pouco talvez para se desculparem perante seus *boards* do descuido em estenderem tão grande volume de financiamento a uma economia tão debilitada, que a elevada dívida brasileira tinha uma contrapartida em equipamento físico na infra-estrutura energética, na indústria de bens de capital e nos setores de insumos básicos. À vista do que havia acontecido, na mesma época, na Argentina e no México, o Brasil apresentava até um certo exemplo de bom comportamento – uma combinação de arrojo e má sorte.

Claro que uma análise mais acurada da realidade poderia apontar como ponto fraco desse desempenho o fato de que a política econômica atendia muito mais às conveniências dos banqueiros internacionais – que passaram a comandar também a liquidez interna do País, além da externa – do que aos interesses nacionais. Um resultado físico muito próximo do que aconteceu teria sido conseguido com menos endividamento externo e interno, talvez com um nível de inflação da mesma ordem, mas sobretudo com um ônus menor legado ao futuro do que os encargos socialmente intoleráveis de uma dívida estéril em sua origem.

A transição para a economia da "abertura"

A configuração política global do primeiro Ministério de Figueiredo refletia uma clara intenção de compromisso com as diferentes tendências históricas do autoritarismo, de Castelo Branco a Geisel. Era, de uma certa forma, a expressão política da biografia do próprio general-presidente, que esteve bem-situado e em contínua ascensão durante todo o chamado período revolucionário. Politicamente, foi a derradeira tentativa de reaglutinação das forças originais de sustentação do regime representadas em algumas figuras proeminentes dos governos anteriores, cuja identidade básica com a "revolução" a que serviram, em algum tempo, deveria prevalecer sobre divergências episódicas quanto a métodos. Como em toda falácia de composição, imaginaram que o *todo* sempre pudesse conter a expansão indiscriminada das partes.

Isso explica a curiosa composição do Ministério econômico, tendo o antidelfinista Simonsen como figura central e, na periferia, como titular do apagado Ministério da Agricultura, o próprio Delfim Neto. A reconcentração sob o comando único de forças tão divergentes obedecia a um plano estratégico que levava em conta o novo cenário em que se travaria a batalha econômica: a *abertura* política. Nessas condições, sem os instrumentos discricionários do autoritarismo cabal para silenciar as oposições, podia-se supor que a simples exposição aos ataques do adversário externo contribuísse para reforçar a coesão e a disciplina interna nas hostes governamentais. Em essência, o Ministério refletia um pacto de sobrevivência comum, dos "liberais" históricos aos tecnocratas autoritários.

Por um momento, no início do governo, o País teve a impressão de que o comando da política econômica perderia o caráter esquizofrênico adquirido na gestão anterior e voltaria a cair de fato sob o comando único de um ministro hegemônico, tal como fora no período Médici. No jogo da transição administrativa, Mário Simonsen emergiu com força máxima, influindo na formação do resto do Ministério econômico e no segundo escalão, com o discreto e decisivo apoio do outro ministro que, na Casa Civil, também transitaria de um governo para outro, o general Golbery do Couto e Silva. Mudando da Fazenda para o Planejamento, Simonsen imaginou estar no posto certo para impor coerência e disciplina à política econômica, com a austeridade exigida pelas circunstâncias.

A expectativa era inteiramente falsa quanto à harmonia de comando. Um sinal das tensões iminentes surgiu logo quando o ministro da Agricultura arrombou as portas do Conselho Monetário para ali se garantir um assento, privilégio vedado a seus antecessores. Tratava-se ainda de um exercício inicial de fixação de espaços de poder, mas foi justamente a partir dessa modesta posição conquistada que Delfim desfechou suas flechas envenenadas contra a política neo-ortodoxa intentada.

Na Fazenda, despido de predicados acadêmicos maiores, Karlos Rischbieter, um aplicado e correto tecnocrata que fora presidente da Caixa Econômica Federal e do Banco do Brasil, devia limitar-se a executar a política traçada no Planalto sob inspiração hegemônica de Simonsen. A mesma expectativa se podia ter em relação ao presidente do Banco Central, a terceira peça no tripé de comando da política econômica na organização administrativa nos anos do autoritarismo. Para o cargo de presidente foi nomeado Carlos Brandão – um tecnocrata sem base de sustentação própria dentro dos anéis burocrático-militares de controle do Estado, mas gozando da confiança de Simonsen. A ele coubera, na gestão Médici, organizar no Banco Central a Gerência da Dívida Pública, sucessivamente transformada em Departamento, Diretoria, novamente Departamento e de novo Diretoria. Sua indicação para a presidência do Banco Central talvez pudesse simbolizar a intenção de se consolidar a política de mercado aberto, desvirtuada desde a origem, que transformou o instrumento da dívida pública de longo prazo num mecanismo de agiotagem diária sob a arbitragem e o estímulo das autoridades monetárias. (Trata-se de mero simbolismo, porém, pois a nossa caricatura de *open market* se devia e ainda se deve menos a qualquer gestor particular que à condução global da política econômica.)

Ao se inaugurar o Governo Figueiredo, o País exibia uma confortável posição de reservas internacionais acumuladas à custa do endividamento externo das estatais e, em escala reduzida, de empresas privadas forçadas à extroversão pelo exacerbamento das taxas internas de juros. Os preços do petróleo, depois do salto quádruplo de 1973/74, haviam se estabilizado e até caído em termos reais. A liquidez internacional fundada num dólar fraco parecia folgada. As exportações caminhavam num ritmo satisfatório. A despeito do valor absoluto da dívida externa, já em torno de 43,5 bilhões de dólares, e da sua relação com saldos comerciais apenas medíocres, a retórica oficial dava a entender que fora exorcizada a crise do estrangulamento externo.

Apenas a inflação persistia. E foi com vistas a preparar um ataque mais "coerente" contra a inflação que Simonsen começou a desenhar um programa de aperto monetário e fiscal, com ênfase no corte de dispêndios públicos e na política de juros altos centrada no *open*, que já vinha pondo em prática desde pelo menos 1977. Isso significava a redução drástica da expansão do crédito, em termos reais, implicando restrições às linhas tradicionais de fomento do Banco Central e do Banco do Brasil. Entre estas, as diferentes disponibilidades de crédito ao setor agrícola, da produção à comercialização.

No entanto, como fiscal de linha desses fluxos, Delfim Neto se opôs a qualquer corte. Tinha a seu favor o compromisso formal do presidente da República, em seu discurso de posse, que colocava a agricultura entre as três prioridades básicas de seu governo, junto com o programa energético e o de exportações. Mas tinha sobretudo o apetite de poder e a inegável capacidade de manipulá-lo que faltavam aos condutores formais da política econômica central.

No Banco Central, orientado por Simonsen, Carlos Brandão pretendeu dar um golpe institucional nas pretensões do ministro da Agricultura, através da chamada reforma bancária. Seu principal efeito seria a redução drástica da capacidade operacional do Banco do Brasil de gerar crédito agrícola a taxas de juros favorecidas.

O tema é recorrente, está de novo na ordem do dia e portanto vale a pena deter-se nele: como mencionado em relação às grandes reformas de 1964/65, a Lei Bancária criou uma autoridade monetária de dupla face, com papéis ambíguos. O Banco Central reteve, além das funções tradicionais de gestor da moeda e do crédito e de árbitro da liquidez, algumas linhas de crédito especial que dele fazem um banco de fomento. O Banco do Brasil, com sua estrutura clássica de banco comercial, reteve funções de autoridade monetária pela capacidade de expandir moeda através do crédito agrícola e da função mais ampla de caixa do Tesouro, apoiada numa chamada "conta movimento" no Banco Central, que é um registro contábil de suas posições ativas a descoberto. Por certo que, enquanto as instituições estiverem subordinadas a uma mesma autoridade – o ministro da Fazenda ou, em termos mais amplos, porém formais, o Conselho Monetário Nacional –, essa competência cruzada não tem qualquer relevância para o exercício da política monetária. De fato, esse era o desenho institucional na época de Bulhões, o que não impediu um controle efetivo do ministro sobre a expansão da moeda e do crédito, pela disciplina que impôs a cada uma das pernas ativas da autoridade monetária.

Contudo, nossos monetaristas estão convencidos da eficácia da distinção formal entre autoridade monetária, função do Banco Central, e atividade bancária convencional, função do Banco do Brasil. Ao que se supõe, vêem nisso o caminho psicológico, pelo efeito da transparência, para tornar a autoridade monetária independente do governo, protegendo a gestão monetária do que acusam de influências políticas externas. É a eterna ilusão dos que acreditam que tirando o sofá da sala elimina-se o motivo do adultério... sendo esse, de qualquer forma, o preço que a sociedade brasileira tem de pagar, em debates ideológicos recorrentes, por ter custeado bolsas em Chicago para alguns de seus bacharéis de economia mais promissores.

Enfim, era convicção de Simonsen e Brandão que, enfeixando no Banco Central todo o poder emissor, se pudesse subordinar à política monetária a ação global do governo, inclusive a do inquieto ministro da Agricultura. No confronto final, ambos cairiam antes da definição das linhas gerais do crédito de custeio agrícola em 1979. Do lado externo, o sistema financeiro internacional se preparava para apresentar ao País as pesadas contas do "milagre" econômico. Para recebê-las, por um desses atos predestinados de justiça histórica, ocuparia novamente o comando da política o mesmo ministro que havia capitaneado, na virada dos anos 60, o alegre barco da expansão a crédito.

Logo após subir a rampa do Planejamento, Delfim tratou de remover Carlos Brandão do Banco Central. Para o posto nomeou ninguém menos que Ernane Galvêas, o antigo presidente do Banco na gestão Médici, principal dos próceres de sua antiga equipe a ser resgatado do ostracismo privado para o esquema do segundo mandarinato. O programa de austeridade imaginado por Simonsen, motivo de colisão de frente dos dois mais proeminentes formuladores de política econômica sob o autoritarismo, caiu junto com ele, fazendo desmoronar a artificial coligação de correntes heterogêneas costurada pelo general Golbery como eminência parda do Governo Figueiredo.

NOTAS

[1] Carlos Lessa, *A estratégia de desenvolvimento 1974-76 – Sonho e fracasso*, tese de concurso de professor-titular da Faculdade de Economia e Administração da UFRJ, janeiro de 1978.

[2] M. da Conceição Tavares, *Ciclo e crise – O movimento recente da industrialização brasileira*, tese de concurso de professor-titular na Faculdade de Economia e Administração da UFRJ, janeiro de 1978.

IV. A Reversão da Magia: A Administração do Caos

Delfim Neto assumira o Ministério da Agricultura com a promessa de encher a panela do pobre. Ao subir ao Planejamento, substituindo o "recessionista" Mário Henrique Simonsen, mandou a indústria esquentar as máquinas e foi recepcionado com generalizado entusiasmo pelo empresariado. Hábil, não se opôs abertamente, como seu antecessor, à mais ousada iniciativa no campo social empreendida pelo Governo Figueiredo – a controvertida Lei Salarial de 1979, que tornou os assalariados da faixa inferior (até 11,5 salários mínimos) sócios da inflação, com reajustes semestrais de salários acima da alta dos preços medida pelo INPC, em detrimento de salários médios e altos, estes corrigidos por baixo da linha da inflação. Deixaria para atacá-la mais adiante, porém, com eficácia redobrada em seu propósito de expropriar a renda global dos assalariados.

Com Rischbieter ainda resistindo na Fazenda, o novo czar do Planejamento pôs em marcha, em fins de 79 e início de 80, um programa que era, em muitos pontos, a antítese das propostas defendidas por Simonsen, e que tinha muito em comum com sua prévia experiência ministerial como gestor do "milagre". De saída, decretou em 7 de dezembro uma desvalorização de 30% do cruzeiro em relação ao dólar, como estímulo aos exportadores – atropelando um programa de desvalorização acelerada do câmbio e redução gradativa de créditos-prêmios a exportações, negociado com as autoridades norte-americanas do comércio e posto em funcionamento desde janeiro.

A maxidesvalorização era uma punição aos devedores em dólares, a primeira quebra formal do acordo de cavalheiros implícito na política econômica executada desde 1968, favorecendo o tomador externo pela expectativa de custo mais baixo do empréstimo contratado no exterior. Para pagar os mesmos encargos de sua dívida externa, em dólares, o tomador se viu subitamente constrangido a mobilizar mais 30% em cruzeiros. Era uma punição também ao investidor direto, que às vésperas do fechamento do balanço anual de 1979 teve expropriada parte de seu lucro (em dólares) a repatriar, na proporção da desvalorização do câmbio. Era sobretudo um risco de novo choque inflacionário, pela elevação imediata dos preços de bens e insumos importados e pelo alinhamento inexorável dos preços internos de produtos exportáveis a seus preços internacionais convertidos em (mais) cruzeiros.

É claro que nem todos foram surpreendidos. A desvalorização cambial é uma sombra que acompanha qualquer economia com dificuldades virtuais no balanço de pagamentos. A posição de reservas ainda elevada, em 79, era o resultado da deliberada política de endividamento em bola de neve que supunha o acesso permanente a linhas de crédito internacional para cobrir os *rombos* na conta corrente com o exterior. Mas na ausência de condições externas favoráveis à rolagem recorrente da dívida, todo o castelo de cartas da política econômica externa corria o risco de ruir. Os economistas sabiam disso e, muito antes deles, os espertos empresários do mercado de dinheiro, que jamais se meteriam na aventura do endividamento sem prévia cobertura de riscos.

Os credores externos, desde os anos 60, haviam formulado a cláusula de juros flutuantes nos contratos de empréstimos como um mecanismo que lhes permitia estender em escala internacional seus créditos de longo prazo. Os tomadores assumiram de boa vontade o risco da elevação dos juros, certamente por acreditarem, no início, que sua tendência a longo prazo era baixar ou estabilizar-se. Contudo, um risco igual ou mais elevado referia-se à política cambial, arbitrada pelo governo, que podia alterar drasticamente as condições internas dos compromissos externos das empresas. No início, também esse risco foi assumido de bom grado, na base da confiança na estabilidade de orientação econômica do regime, reforçada e sancionada pelos seus aparentes êxitos. Isso começou a mudar quando surgiram os primeiros sinais do fracasso.

Um seguro precário contra as mudanças na política de câmbio era e continua sendo a ORTN com cláusula de reajuste pela variação cambial, instituída em 1966 com o objetivo primordial de dar credibilidade à dívida pública. Dez anos mais tarde, no curso de uma das muitas crises de confiança no degenerado mercado financeiro, Simonsen patrocinou um mecanismo mais ágil de "proteção" aos devedores, a Resolução 432 do Conselho Monetário Nacional. Agora, qualquer devedor ao exterior poderia, a qualquer tempo, transferir ao Banco Central, em caráter temporário ou definitivo, o remanescente de sua dívida nas condições contratadas, desde que nele depositasse os cruzeiros correspondentes ao principal da obrigação na data. Foi o sinal para a estatização crescente da dívida privada, a um custo em dólares para o Banco Central equivalente ao *spread* arbitrado pelo credor e aceito pelo devedor originais – não raro, matriz externa e subsidiária interna de um mesmo banco, ou vice-versa.

A Resolução 432 provou ser um complicador adicional na já tumultuada gestão das contas globais do setor público, e na sua conexão com a política monetária, conforme se verá adiante mais detalhadamente. Ao lado dos títulos de dívida pública que iam sendo empilhados, internamente, para compensar o aumento de reservas externas, um novo tipo de obrigações *sem* contrapartida era acumulado no passivo em dólares do Banco Central, dando guarida aos excedentes em cruzeiros gerados sobretudo pelas filiais de empresas estrangeiras.

Às vésperas da maxidesvalorização de 1979, portanto, a 432 era menos um elemento de perturbação da política macroeconômica que um estuário das correntes de capital especulativo que nela se abrigaram aos primeiros sinais (ou seriam avisos?) da iminente alteração no câmbio. Centenas de milhões de dólares foram encostados no Banco Central pouco antes da súbita valorização patrimonial do crédito correspondente em cruzeiros. Num gesto de pura demagogia, as autoridades econômicas determinaram o congelamento parcial do dinheiro depositado. Deixá-lo solto para reempréstimos pareceu-lhes, talvez, exagerado; ficou liberado *apenas* para investimentos prioritários, conversão em capital de risco ou pagamento da dívida ao exterior!

Apesar do efeito traumático sobre os devedores e importadores, a máxi de dezembro de 79 tinha por objetivo menos o estímulo à exportação que o objetivo de recompor as condições financeiras externas de médio prazo do País. Para as exportações de manufaturados, ela apenas substituía o programa de desvalorização acelerada do câmbio, que por sua vez compensara a retirada gradual do crédito-prêmio de exportação. Acontece que esse programa cambial inibia a perspectiva de tomada de crédito externo, pois pela primeira vez desde 1968 a correção do câmbio corria acima da linha da correção monetária. O ministro Delfim optou, pois, por compensar de uma vez os exportadores de manufaturados com a máxi, ao mesmo tempo em que sinalizava para *novos* tomadores de crédito externo com a volta a uma política de minidesvalorizações parecida com a adotada desde a era do "milagre". Os devedores antigos, traumatizados, foram parcialmente aliviados com reduções tributárias.

O *pacote* de dezembro não tinha, porém, um contorno amplo e definido de política econômica. Na realidade, era apenas preparatório do programa que seria anunciado em janeiro de 1980 – este, sim, com o sinete do estilo pessoal do ministro do Planejamento. Na sua gestão anterior, na Fazenda, Delfim orientou a economia para o crescimento apoiado no crédito fácil e barato. Crédito fácil e barato era, justamente, como se traduziam então as condições do mercado financeiro internacional. Mas no início de 1980, após o segundo choque do petróleo e no limiar da nova política monetária nos Estados Unidos, o crédito se tornara escasso e abusivamente caro no mundo. Diante disso, o ministro fez um movimento de audácia que significava, em última instância, isolar a economia brasileira das vicissitudes do mercado financeiro internacional e recriar, aqui, as condições de financiamento experimentadas no passado e que faltavam lá fora.

O eixo da nova política era a prefixação dos índices da correção monetária e da correção cambial. A despeito da forte pressão inflacionária derivada da máxi, o limite máximo de aumento do câmbio em base anual foi fixado em 40%, enquanto a correção monetária era limitada a 45%. Uma ação mais vigorosa de controle de preços foi anunciada para recair sobretudo nos setores oligopolizados ou sob administração estatal. Quanto aos salários, o ministro não se sentia ainda seguro o suficiente para atacar a lei dos reajustes semestrais diferenciados, à qual parte do governo atribuía o condão de ter desmobilizado a onda de greves descomprimida pela abertura política no início da administração Figueiredo.

Em seus contornos publicitários mais amplos, essa era uma modalidade particular de promoção da economia de oferta, com estímulo ao setor produtivo em detrimento da desenfreada especulação financeira que vinha prevalecendo desde meados da década de 70. Foi por isso recebida com alguma simpatia entre o empresariado industrial, há muito submetido às taxas escorchantes de juros no mercado de empréstimos, bem como por muitos dos críticos da "ciranda" financeira. Poderia ter sido complementada por um controle mais amplo de preços, pela repactuação das condições de dívida externa e pela formulação de uma corajosa política de renda, com o desmonte simultâneo do aparato institucional que fez do mercado aberto o coração do sistema de financiamento, público e privado, da economia brasileira. Nada disso aconteceu.

Até uma tímida reforma tributária proposta por Richsbieter para tornar menos regressiva a estrutura de impostos seria torpedeada.

De forma ainda tentativa, o governo esboçou os primeiros movimentos para a afirmação do controle centralizado de seus dispêndios globais através da criação da Sest – Secretaria Especial de Controle das Empresas Estatais, vinculada ao Planejamento. Não se tratava, porém, de uma prioridade imediata no âmbito da nova política econômica. Já se reconhecia, até mesmo oficialmente, o estado deplorável de organização das finanças públicas. No entanto, as estatais e autarquias federais continuavam um eficaz instrumento de captação de recursos externos, e para isso tinham que apresentar "bons" projetos ao financiador internacional. Sua contribuição ao balanço de pagamentos estava na razão direta da capacidade de inventar e desenvolver projetos, independentemente da significação destes numa escala de prioridades econômicas e sociais internas. Tinham, pois, de continuar investindo, mesmo que fosse à custa dos gastos sociais decrescentes do governo.

Como havia prometido, o ministro do Planejamento criou de fato as condições para que o setor produtivo pusesse as máquinas a funcionar. Comparado ao grande "milagre" da virada dos 70, o "minimilagre" dos primeiros três quartos de 1980 seria ainda mais impressionante: em circunstâncias internacionais particularmente desfavoráveis, com a desaceleração da economia nos países industrializados e a recessão aguda nos Estados Unidos; com o dólar em alta e a aceleração dos juros externos; e depois do segundo e recente choque do petróleo, a economia brasileira cresceu espetaculares 8% – um fantástico e isolado desempenho num mundo em crise.

Na fase do primeiro "milagre", Delfim pôde comparar-se ao mestre de navegação que orientou as velas para colher a melhor força dos ventos internacionais, assim deixando impelir o barco da economia com força máxima. Em 1980, ele pretendeu criar o próprio vento. Foi um sucesso em termos de geração de renda e de emprego a curto prazo. Mas um fracasso completo no que se referia à situação externa do País e à inflação. A alta dos preços, rompendo os controles do CIP e da Secretaria Especial de Abastecimento e Preços, tornou negativas as taxas de juros embutidas nas correções monetária e cambial prefixadas, deslocando o eixo da especulação dos ativos financeiros para os estoques de matérias-primas e de imóveis. As importações dispararam. A captação privada de recursos externos continuou congelada. As reservas internacionais despencaram e o sistema financeiro doméstico estremeceu com a fuga de "poupanças". A inflação dobrou do patamar dos 50 para 100% – aí embutidos, sobretudo, os efeitos da máxi de 30% em dezembro de 79. Com isso, aprofundou-se o fosso entre a inflação e a correção legal dos ativos financeiros.

A situação externa assumiu o primeiro plano das preocupações oficiais. Simonsen, num aforismo famoso, advertira certa vez que a inflação fere, mas o balanço de pagamentos mata. A economia brasileira parecia aproximar-se perigosamente desse limite mortal. Muito antes, porém, de sua materialização prática, o ministro Rischbieter teve a coragem de tornar essa ameaça transparente numa projeção de longo prazo do balanço de pagamentos e do endividamento externo. Advogava uma reformulação ampla e global da política econômica externa para impedir o estrangulamento iminente – sem deixar muito claro, contudo, qual seria a direção da mudança. Suas contas estavam fundamentalmente certas. Mas como se tratava de uma avaliação "derrotista" dos resultados da política econômica em marcha, com um apelo explícito à mudança, foram interpretadas como desafio à orientação delfiniana e serviram de pretexto para a defenestração do titular da Fazenda em março de 1980.

Para seu lugar, Delfim deslocou Ernane Galvêas da presidência do Banco Central, e nesse cargo colocou o antigo diretor da Escola de Pós-Graduação em Economia da Fundação Getúlio Vargas, Carlos Geraldo Langoni. Com isso, o comando efetivo da economia, repartido entre o Planejamento, a Fazenda e o Banco Central, caiu finalmente sob a hegemonia inconteste do primeiro. A essa tríade, liderada pelo mais heterodoxo dos formuladores de política econômica do regime autoritário, caberia, dois anos depois, a iniciativa formal de um gesto de contrição perante a mais ortodoxa das instituições multilaterais de gestão econômica: o recurso ao Fundo Monetário Internacional.

O "segundo" Delfim no primeiro "ajuste"

A saída de Rischbieter em nada alterou a execução do programa iniciado em janeiro, embora tenha mudado a ênfase das autoridades econômicas em sua defesa. Galvêas e Langoni jamais se empenharam em que desse certo – o primeiro porque via nele um desestímulo à "poupança", o segundo porque estava cético em relação a seus efeitos externos. Por uma questão de disciplina inercial, o programa – essencialmente a prefixação das correções monetária e cambial, e o frouxo controle de preços – foi mantido até o segundo semestre de 1980. Então, em outubro, delineou-se a grande mudança.

Um novo *pacote* econômico apresentaria à Nação um Delfim até então desconhecido. Surgiu como anunciador de uma era de austeridade a ser imposta indiscriminadamente ao setor público e privado, com maior rigor sobre o primeiro. O jargão não diferia de qualquer programa ortodoxo: restrições monetárias e de crédito, aumento de juros (correção realista do câmbio e da moeda), reforço da capacidade fiscal do governo, liberação de preços, corte nos gastos públicos, alteração da lei salarial, retomada dos incentivos à exportação – inclusive do crédito-prêmio que fora suprimido em troca da maxidesvalorização do ano anterior. Não era muito diferente do que teria sido o programa que, um ano antes, Simonsen tentara impor ao País, frustrando-se diante das resistências de fora e de dentro do governo, sobretudo as do próprio Delfim.

No entanto, mesmo sob moldura ortodoxa, o ministro do Planejamento manteve o estilo pessoal, autoritário e voluntarista de conduzir a política econômica. Apesar da reviravolta súbita de política, reteve ainda a credibilidade e os aplausos das "classes produtoras", em especial do setor financeiro, para esse novo exercício. A "questão" externa assumiu o primeiro lugar no plano das prioridades. E nos dois anos que transcorreram desde a virada na política interna, em outubro de 1980, até a moratória mexicana de setembro de 1982, que decretou a ruptura definitiva do padrão de financiamento do Terceiro Mundo pelo sistema bancário internacional privado, não houve nenhuma atividade individual capaz de consumir mais atenção e tempo dos ministros da área econômica que as missões internacionais.

Consciente de que apenas a submissão às regras de caráter geral impostas pelos banqueiros internacionais não seria suficiente para atrair o volume de empréstimos necessário a recompor o equilíbrio do balanço de pagamentos, Delfim Neto saiu em campo no mundo industrializado como um caixeiro viajante em busca de crédito, vendendo em contrapartida tudo e a qualquer preço – de Carajás ao mercado interno de bens de capital. Tudo se fez em nome do equilíbrio externo. E como nada se tinha feito em termos de reordenamento interno de prioridades, sobretudo no próprio setor público, os novos compromissos internacionais se acavalaram sobre um sistema de financiamento estuporado, agravando os já pesados encargos financeiros do governo e do setor privado.

As distorções na pauta de investimentos na área pública se aprofundaram, atingindo os limites do contra-senso. Se antes tinham seus projetos de investimento sancionados pelo governo simplesmente porque davam suporte à captação de crédito externo, independente de exame de prioridades econômicas e sociais de caráter geral, as "estatais" até então conservavam ao menos autonomia de seleção e execução por critérios de eficiência interna. Nessa nova fase, contudo, até mesmo o interesse específico das empresas foi relegado a segundo plano. Os projetos de investimento passaram a ser "inventados" para se adequarem a créditos contratados globalmente de governo a governo, vinculados à aquisição de equipamentos nos países credores. Estes, uma vez internados, apodreciam ou enferrujavam nos pátios das empresas, como ocorreu com a Açominas, a Eletrobrás e a Nuclebrás.

Esse recurso em larga escala ao crédito de fornecedor (*suplier credit*) revela até que ponto foi o descompromisso da política econômica com as perspectivas de médio prazo do País. Era uma atitude típica de "empurrar com a barriga" o problema imediato, não importando as conseqüências posteriores que isso viesse a trazer para a estrutura produtiva. Os recursos livres que se conseguiam estavam numa relação de no máximo um para um com o que se deveria absorver de crédito comercial. Impunha-se, por essa via, a importação de equipamentos supérfluos ou que poderiam ser fornecidos internamente, contornando a Lei do Similar e outras formas de proteção ao emprego e à empresa nacionais. No entanto, sempre que voltava ao circuito Nova York-Tóquio-Paris-Londres com o anúncio de mais um "jumbo", cada uma das autoridades econômicas não revelava o menor pudor em apresentá-lo à opinião pública como mais uma prova de confiança do sistema bancário internacional no futuro do Brasil. Para isso servia qualquer projeto-pretexto, do lado interno, e até o combalido Proálcool se prestou a lastro para um saque de US$ 1 bilhão no exterior!

Houve protestos isolados de associações empresariais, mas de eficácia reduzida e com as repercussões abafadas pela capitulação geral ao objetivo oficial de "equilíbrio" externo, que tudo justificava – inclusive as inúmeras negociatas conduzidas pelo círculo de "consultores" que gravitava em torno do Planejamento. Além disso, sempre houve algum temor, por parte de lideranças empresariais, de represálias da autoridade pública caso resistissem ou exagerassem nas críticas à política econômica. Afinal, a maioria constitui a clientela das instituições públicas e é altamente dependente, por aí, do governo federal.

À administração tópica, circunstancial e politicamente irresponsável do balanço de pagamentos se contrapunha uma política econômica interna de mero ajustamento ao estrangulamento externo. A inflação resistia no patamar dos três dígitos. Não podia ser de outra forma numa economia generalizadamente indexada, na qual a inflação passada tende, por força de mecanismos contratuais, a no mínimo reproduzir-se na estrutura de preços constantemente renovada. No entanto, a política monetária insistia em ignorar a indexação, tentando derrubar a inflação pelo caminho pretensamente ortodoxo das restrições de crédito, dos cortes nos gastos públicos e da redução do nível de liquidez real da economia. O resultado foi a queda sem precedentes na atividade econômica, sem efeito relevante no nível da inflação.

Em 1981, a economia brasileira experimentou, pela primeira vez desde que há estatísticas disponíveis, uma queda no produto bruto à taxa expressiva de no mínimo 3,5% negativos. O desemprego no mercado formal aumentou, como conseqüência sobretudo da queda de quase 10% do produto industrial – tão aguda que levou o então presidente do IBGE, Jessé Montelo, a providenciar às pressas um novo índice para medir o desempenho industrial, que assim mesmo acusaria uma redução de 6,5%.

Condicionada pelo gargalo externo, esgotara-se a imaginação da equipe econômica para enfrentar de forma eficaz a recessão, que passou a um plano secundário na ordem de preocupações. Ao contrário, insistiu na redução indiscriminada dos gastos públicos, sob o diagnóstico de que no déficit estatal estava a causa básica da persistente inflação. Com isso reforçava as tendências recessivas subjacentes à economia, com efeito perverso sobre a própria receita tributária, produzindo mais déficit potencial e, portanto, mais necessidade de cortes a fim de equilibrar o orçamento, seguindo o figurino de uma política keynesiana ao reverso.

A "gordura" acumulada em 1980 foi rapidamente queimada. O setor financeiro cobrou caro o tabelamento temporário dos juros. Sobre um piso da taxa internacional que vinha subindo desde 1979, e que acusou um salto brusco em 1980 na inauguração da *reaganomia*, as taxas internas dispararam. Os encargos financeiros passaram a representar o principal item isolado nos custos das empresas e do setor público – transformando-se, reflexamente, no principal item de receita no ativo de algumas empresas superavitárias. No mercado financeiro, a despeito de medidas de profilaxia do Banco Central, que reconheceu a quebra de algumas dezenas de instituições ilíquidas entre 1980 e 1981, prosperou a especulação em torno do mercado aberto, sob patrocínio oficial.

Esse quadro permaneceria inalterado até o segundo semestre de 1982. De "jumbo" em "jumbo", ia-se rolando a bola de neve da dívida, enquanto a economia era mantida no baixo nível de atividade alcançado no ano anterior. Finalmente, sobreveio a moratória do México em setembro de 82.

O famoso "setembro negro" será um ponto de referência definitivo, pois certamente não haverá, depois dele, um sistema internacional de empréstimos privados tal como o que se desenvolvera dos anos 60 para cá. O efeito imediato sobre o Brasil foi o de bloquear alguns novos "jumbos" surpreendidos em manobra de decolagem, levando ao rápido esgotamento das reservas internacionais disponíveis, sem possibilidade de sua reconstituição com novos créditos.

Apanhada de surpresa, incapaz ideologicamente de vislumbrar um projeto alternativo e sem base política para propô-lo, caso vislumbrasse, a equipe econômica perdeu totalmente a iniciativa até capitular diante do FMI, para alívio da comunidade bancária. O recurso formal ao Fundo, pelo alto conteúdo simbólico em termos políticos, teve de esperar apenas o transcurso das eleições de novembro de 1982, a fim de evitar ao governo o desgaste de defender e justificar-se pela medida altamente impopular perante a opinião pública brasileira, trapaceada por isso até o último momento com desinformação oficial e falso otimismo sobre a real situação externa do País.

Sob as asas do FMI

Para muitos brasileiros da geração adulta de 1980, o FMI ainda está associado às práticas de dominação política e de exploração econômica que se atribuíram ao imperialismo norte-americano na década de 50. O fato mais relevante que se recordava das relações entre o Brasil e o Fundo era a ruptura de negociações de um empréstimo (300 milhões de dólares) anunciada de forma propositadamente espetacular, em 1958, pelo carismático presidente Juscelino Kubitschek, com óbvios recados políticos. Pouco se lembrava, contudo, das condições objetivas que permitiram ao governo brasileiro esse espaço de manobra na época. Sobretudo, o espaço reconhecido pelo próprio governo norte-americano sob o presidente John Kennedy. O Brasil de JK rompeu com o Fundo, mas não com o governo dos Estados Unidos ou com o sistema bancário privado. Ao contrário. A administração Kennedy e o sistema financeiro privado norte-americano ajudaram concretamente o Brasil a prescindir do FMI e de suas doutrinas econômicas.

É claro que o espaço de manobra era dado também pelo lado de uma articulação ainda débil da economia brasileira, em especial de seu sistema bancário, com o mundo das finanças internacionais. Contudo, não se deve subestimar a habilidade política do último governante civil que, antes do golpe de 64, soube tão bem explorar as contradições emergentes do cenário político e econômico internacional em favor do que acreditava ser o interesse do País, sem concessões ideológicas subalternas ao alinhamento automático com os Estados Unidos e à ortodoxia monetarista que se tornariam lugar-comum no regime dito "revolucionário".

O que o inconsciente coletivo reteve da atitude de JK, independentemente da avaliação racional das circunstâncias objetivas de seu gesto, foi que se tratava de um ato de afirmação de soberania e de preservação dos interesses e da independência nacionais. Por antinomia, o recurso ao Fundo no início de 1983 representava a capitulação e subordinação dos interesses nacionais a desígnios externos. Não seria essa, aliás, a primeira vez em que a intuição do senso comum chegou a conclusões essencialmente verdadeiras pela percepção superficial dos fatos.

Da mesma forma que Juscelino, em sua época, ao romper com o Fundo não rompeu com a dependência brasileira do sistema financeiro internacional, mas de fato "administrou" essa dependência de acordo com objetivos internos, o recurso do Governo Figueiredo ao FMI, no início de 1983, não pode ser considerado um ato isolado de renúncia à soberania no campo das decisões econômicas. Na realidade, trata-se do coroamento formal de um processo cujas origens remotas se encontram no golpe de 64 e no regime por ele instaurado, que ao longo do tempo foi deslocando o eixo da dependência econômica do campo tecnológico e industrial para o campo financeiro. Visto a distância sob esse prisma, o Governo JK foi o grande promotor dos investimentos externos de risco e da articulação do sistema produtivo doméstico com o internacional. O regime dito "revolucionário", por sua vez, promoveu a inserção profunda da economia brasileira no sistema financeiro internacional, até reconhecer, no início de 83, ter-se tornado seu refém.

A renúncia à soberania ocorre, de fato, no momento em que compromissos sancionados pela autoridade governamental num setor condicionam sua iniciativa em áreas-chave da política econômica noutro. Com o estímulo ao endividamento em moeda, em detrimento do capital de risco, o regime deslocou para fora do âmbito da economia um dos fatores essenciais de seu desequilíbrio com o exterior. Em economias de moeda inconversível, as transferências para o exterior de rendas geradas internamente dependem, em primeira instância, de uma taxa de câmbio arbitrada pelo Estado. Se a base dessa renda é o lucro empresarial em atividade produtiva, ela deverá flutuar em alinhamento com as oscilações da própria economia, aumentando nas fases de crescimento e caindo na recessão; mas seu montante absoluto em dólares dependerá do nível do câmbio. Para a arbitragem deste, o Estado levará em conta outros fatores, sem obrigação direta de garantir um dado volume de renda real a ser transferida.

Mas se a base da renda transferida é o juro sobre empréstimos contratados no exterior, seu volume dependerá, em primeira instância, das condições do mercado financeiro externo – sejam as condições originais do contrato, para taxas fixas, sejam as condições conjunturais nas épocas contratadas para pagamento dos encargos, quando a taxas variáveis. É o dispêndio em cruzeiros que dependerá, nesse caso, da taxa oficial de câmbio – mas a determinação desta não poderá ignorar mais o problema da transferência de recursos reais. O governo pode gerar os cruzeiros dos encargos de forma autônoma, por meios fiscais ou por emissão monetária, mas os dólares correspondentes estão contratados e só podem ser gerados com superávit comercial com o exterior, se afastada a hipótese de novo endividamento. Se o governo, sem acesso a dinheiro novo, estiver determinado a "honrar" os encargos nas condições contratadas, terá de subordinar toda a política econômica a esse objetivo. Ou seja: o País terá perdido margem de manobra para o exercício de uma política econômica autônoma, de acordo com prioridades definidas internamente sob o parâmetro dos interesses de sua população.

Essa era a situação brasileira de fato, antes do recurso formal ao Fundo no início de 1983. É relevante lembrar que, em termos de disponibilidades, o FMI estava longe de poder resolver o problema do reequilíbrio das contas externas nacionais. Somadas todas as linhas a que o Brasil poderia ter acesso num esquema de liberação em três anos, período padronizado de duração do programa de "ajuste", pouco superavam os 5,5 bilhões de dólares, quando só a conta de juros em 1983 ultrapassava os 12 bilhões de dólares. O fato é que a realidade do mercado financeiro internacional arrombara, havia muito, os estreitos limites dos recursos de liquidez sob administração direta do Fundo Monetário.

No entanto, o FMI era a única instância de negociação reconhecida como capaz de coordenar e dar racionalidade, de um lado, aos interesses dispersos da comunidade credora (e submetê-la aos interesses dominantes dos grandes bancos norte-americanos) e exercer, de outro, uma pressão direta sobre a autoridade pública brasileira para adequar sua política econômica à expectativa dos banqueiros. Com uma equipe burocrática longamente treinada no respeito quase místico aos padrões de austeridade monetária tão ao gosto dos banqueiros – sempre cônscios de seu direito divino de multiplicar moeda, mas cada vez mais sobressaltados com o poder concorrente dos governos –, o Fundo conquistou a confiança da comunidade financeira ao longo de mais de três décadas em que aperfeiçoou, sob diferentes climas políticos e sem concessões, um modelo básico de ajustamento de economias em desequilíbrio externo mediante políticas de cerrada disciplina monetária e fiscal. Sendo formalmente uma agência multilateral de governos, tem sobre os "comitês dos bancos", mais tarde organizados como uma segunda instância de negociação da dívida, a vantagem ideológica de poder apresentar como interesse geral o que não passa de regras destinadas a preservar a ordem jurídica que recria continuamente as condições estabelecidas em favor dos grandes bancos e das economias dominantes do capitalismo.

Para o governo brasileiro, submeter-se ao Fundo significou buscar o aval indispensável para se apresentar à comunidade bancária internacional que detinha a chave da solução do problema principal: a rolagem da dívida externa. A única alternativa política, que poderia ter sido a preparação de uma ruptura que tornasse convincente uma ameaça de moratória, foi descartada desde o início pelo pavor que o regime tecnocrático-militar nutria por soluções que envolvessem uma redefinição dos destinos nacionais com o respaldo amplo da opinião pública, e que, indiretamente, acabariam por deixar transparente o fracasso de uma longa estratégia de extroversão financeira da economia.

A capitulação era, pois, inevitável. Mesmo porque o regime mergulhara numa profunda crise de credibilidade, estampada nos mais baixos níveis de confiança que inspirava, interna e externamente, a equipe econômica. No limiar de 1983, com o estouro do Grupo Delfin, inaugurou-se a revelação pela imprensa de uma série de escândalos financeiros gestados sob o autoritarismo com notória cumplicidade oficial – em especial, com estreitas relações com a equipe econômica que estava justamente no exercício do poder. Para o regime desmoralizado, não havia mais tempo nem condições políticas para uma iniciativa ousada, de efeito interno ou externo. Restaria apenas a saída da acomodação matreira ao ritual dos compromissos com o FMI, escapando sub-repticiamente, pela trapaça, às metas aceitas sem convicção, mas também sem maior resistência, por negociadores enfraquecidos.

Em 1983, ano em que se inaugurou a primeira legislatura oriunda de eleições livres, após a anistia, o eixo geográfico das decisões de política econômica deslocou-se de Brasília para Washington e Nova York. Agora, não mais como referência externa de interesses a levar em conta, mas como uma realidade física. Os dois ministros da Economia, Delfim e Galvêas, e o presidente do Banco Central – Langoni, substituído no apagar das luzes por Afonso Celso Pastore – se viram constrangidos às constantes peregrinações à Meca financeira para prestar à comunidade bancária, com regularidade, as contas que o regime arrogante da Velha República se dispensava de prestar à sociedade brasileira. Depois dos acordos solenes, quando se comemorava com bom champanha mais um programa de sacrifícios a impor ao povo brasileiro, era a vez de os xerifes subalternos do Fundo e dos bancos virem auditar a contabilidade do País em épocas regulares, mais uma vez concentrando lá fora as atenções da equipe econômica.

As cartas-compromissos relacionadas com os programas básicos negociados deram no fiasco que se conhece. Foram seis em ano e meio, à razão de uma a cada três meses, sendo a sétima uma negociação *pro forma* a fim de manter as aparências enquanto não se definia a sucessão presidencial. Cada nova carta era o reconhecimento formal do fracasso da anterior e o comprometimento simultâneo com medidas de "ajuste" mais estritas. Seria apenas um motivo adicional de pilhéria sobre o desmoralizado regime, tão ao gosto do estereótipo do brasileiro sarcástico e divertido, se cada um desses programas "aperfeiçoados" não implicasse cortes reais no investimento público, aumentos de impostos regressivos e drástica redução salarial, com a queda da atividade econômica e do emprego formais e a expansão impressionante da marginalidade.

Ainda uma vez antes do fim do regime, em meados de 1983, a equipe econômica teve a oportunidade de mudar a relação subserviente com a comunidade bancária e recuperar pelo menos parte da autonomia da política interna. As duas primeiras cartas-compromissos tiveram suas metas estouradas, e negociava-se a terceira. Os parâmetros básicos da negociação impostos do exterior mantinham-se os mesmos, porém, prenunciando um novo e inevitável fracasso – como de fato aconteceu. De volta de Nova York, derrotado nas preliminares dessa terceira negociação, e humilhado, Langoni produziu de público uma frase que exprimia a essência da crítica que os economistas de oposição vinham fazendo havia meses, anos até, sem maior ressonância: "A política econômica que vem sendo adotada é socialmente injusta e economicamente ineficiente."

Para um crítico externo, isso poderia ser o mínimo a dizer. Mas num membro da equipe que negociou os dois primeiros acordos em posição de destaque era uma novidade que se encaixava melhor como gesto publicitário de demagogia barata. No entanto, o presidente do Banco Central tomou, em agosto, uma iniciativa concreta que dava novo sentido a sua retórica. Centralizou as operações de câmbio, dando ao governo, através do Banco Central, um poder de arbítrio sobre a destinação das reservas internacionais de forma a ter como dar cobertura cambial a importações prioritárias, como petróleo, na eventualidade de uma ruptura com os credores.

A centralização do câmbio seria o único e isolado movimento no sentido de recuperar a combalida credibilidade externa brasileira para o eventual endurecimento nas negociações com a comunidade financeira. Adotada depois dos primeiros acordos com o FMI e da segunda e malsucedida maxidesvalorização (30%) do câmbio, aproveitava a circunstância favorável da recuperação de reservas internacionais com a rolagem da dívida vencida, da entrada das primeiras *tranches* do empréstimo do Fundo e do aumento do superávit comercial. Internamente, representava a exposição de uma rachadura de princípios numa equipe econômica que até então funcionava de forma homogênea, e uma breve e fugaz predominância da linha defendida por Langoni. Sua súbita atitude de "bravura" pouco aproveitaria, porém, à condução das negociações externas, concretamente pautada pelo Planejamento. Em fins de agosto, às vésperas da assinatura da terceira carta-compromisso, a demissão de Langoni apontou, mais uma vez, quem de fato mandava nas decisões fundamentais sob o Governo Figueiredo.

Sintomaticamente, a denúncia pelo principal negociador brasileiro, até então um devoto seguidor da cartilha do FMI, da ineficácia do programa de "ajuste" não produziu qualquer abalo na opinião pública. Enganada desde o início da crise do endividamento pela retórica tranqüilizadora e falsa do regime, a sociedade preferiu associar a demissão do presidente do Banco Central às reverberações de um outro escândalo financeiro, o "estouro" do conglomerado Coroa-Brastel. A pilhagem institucionalizada da economia em favor dos grandes bancos credores passava a segundo plano, diante do efeito publicitário das revelações de um escroque interno sobre os favores que deu e recebeu dos amigos de Delfim!

O novo "arrocho" e o caos financeiro

A pretexto de fazer cumprir de qualquer forma a terceira carta-compromisso com o FMI, o ministro do Planejamento impôs ao País o mais draconiano programa de recessão que até então conhecera, associado a um arrocho salarial de efeitos devastadores sobre a renda da classe trabalhadora e das classes médias assalariadas. Num clima político de extrema sensibilidade, em face da doença do presidente da República e às vésperas de seu licenciamento para tratamento de saúde no exterior, o todo-poderoso czar da economia fez capitular diante de si o Congresso Nacional, que ainda esboçou uma frágil resistência com a proteção legal das faixas salariais mais pobres no setor privado. O ministro concordou, desde que, na média, se preservasse o objetivo inicial de se limitar o reajuste dos salários a 80% da variação dos preços ao consumidor a cada semestre. No setor público, a correção de vencimentos continuou, como sempre, a seu inteiro arbítrio.

O sentido geral do programa era o de garantir o pagamento integral dos encargos da dívida com ampla mobilização da capacidade exportadora e simultânea redução da demanda de importações. Ao primeiro objetivo atendiam a máxi do início do ano e toda uma série renovada de incentivos e subsídios aos exportadores. Do segundo encarregava-se a própria recessão, capitaneada pela redução drástica do investimento público. De fato, o investimento das unidades empresariais não-financeiras sob controle da Sest, que ainda havia crescido ligeiramente em 1982 (0,5%), foi cortado em 24,5% em 1983, em termos reais.

A meta do superávit comercial não só foi atingida, como ultrapassada, alcançando 6,5 bilhões de dólares. Mas a inflação dobrou do patamar dos 100 para o de 200%, com os conhecidos efeitos que o processo de indexação produz nas contas do setor público (e de outros devedores), a despeito dos cortes reais no dispêndio. Mais grave ainda, a inflação se acelerou concomitantemente com a redução dos salários. O equilíbrio externo, eufemismo sob o qual os técnicos do FMI e seus símiles no governo brasileiro elidem o propósito de satisfazer o interesse do sistema bancário internacional, se fazia, assim, à custa de desequilíbrios internos e de profunda injustiça social. Em 1984, ampliou-se o "êxito" do superávit comercial para 12 bilhões de dólares. A dose de "arrocho" se repetiria, em circunstâncias ainda mais humilhantes para o País e mais confortáveis para a comunidade financeira, que em dois anos de indecisões e subserviência brasileiras teve tempo de consolidar uma estratégia comum e precaver-se de surpresas – até mesmo a surpresa de uma moratória que, hoje, já não teria o impacto fulminante de há dois anos e, portanto, é um fator a menos como ficha convincente no jogo pesado da negociação internacional.

Para amplas camadas da população, a ineficácia dessa política absurda, além do conteúdo injusto, revelou-se de forma diretamente perceptível nos resultados de desempenho do Sistema Financeiro de Habitação. Por certo, o sistema que gravita em torno do BNH nunca poderia ser considerado um êxito em matéria de política social, no sentido em que tenha em algum momento *resolvido* o problema da habitação dos pobres. De qualquer forma, não nos consta que o problema social da habitação assumido por algum governo tenha sido resolvido de forma satisfatória e definitiva em qualquer parte do mundo capitalista – ou mesmo no mundo socialista, se adotarmos, nesse caso, os critérios de valor dos países "ocidentais" quanto à aquisição de padrões mínimos de conforto de acordo com a expectativa de uma família "média".

No entanto, o SFH foi um êxito inequívoco como solução *capitalista* para o problema da moradia e, em parte, do saneamento urbano. Ou tinha sido, até 1981. Em 1983, ele não só deixou de ser uma solução em qualquer nível, mas se transformou num problema geral. Isso pela estúpida subordinação da política salarial aos desígnios do FMI. De repente, ao golpe de pena de um decreto-lei, algo em torno de 3 milhões de mutuários do SFH sofreram drástica expropriação de sua renda real em proporção da inflação num ritmo anual de 200%, determinada pelo Drecreto-Lei 2.065; e de outro uma elevação dos encargos com as prestações na razão direta da elevação do nível geral de preços.

A inadimplência generalizou-se. Em meados de 1984, ultrapassava os 50% dos financiamentos em retorno. Novos financiamentos imobiliários, por seu turno, foram inviabilizados em face da queda da renda real dos assalariados e da classe média. A construção imobiliária está desde então praticamente paralisada, rompendo-se por aí, no único subconjunto do sistema financeiro onde ainda se preservara uma articulação fértil entre poupança e investimento produtivo através do tabelamento dos juros, o último elo entre economia monetária e economia real, o último vínculo entre o papel e o produto. No passivo do sistema, o FGTS vai sendo drenado pela recessão e a baixa dos salários, e as cadernetas sofrem violentas flutuações especulativas.

A crise do SFH reproduz, em escala doméstica e ao alcance da compreensão do senso comum, a formidável dimensão da crise financeira geral. De um lado, há uma dívida que se mantém e se valoriza em termos reais, de acordo com os contratos de financiamento; de outro, há um fluxo de renda (salarial, principalmente) que se desvaloriza continuamente com a inflação; finalmente, há poupanças financeiras em queda (FGTS, cadernetas) que financiam a dívida e têm de ser remuneradas por isso, em termos reais, bem como o sistema bancário, que se remunera pela intermediação dos fluxos de receitas dos compradores de imóveis e dos encargos devidos (juros e correção monetária) dos poupadores.

A dívida externa pode equiparar-se à consolidação do saldo devedor dos mutuários. O serviço da dívida, ao valor das prestações. A renda dos mutuários, nessa analogia, corresponde à receita comercial da Nação: esta deverá cobrir todo o serviço da dívida se não houver possibilidade de novo endividamento, depois de pagar todas as importações correntes necessárias para manter o nível da atividade econômica. Ao *superávit* comercial corresponde, na renda do mutuário, a *fração* correspondente ao valor das prestações: se a renda do mutuário está caindo, por força da política salarial, ele só conseguirá pagar as prestações se suprimir suas outras despesas correntes – seus gastos com alimentação, educação, transportes, vestuário, etc.

Assim também, para assegurar o pagamento integral dos serviços (juros e amortização) da dívida externa, a Nação terá de reservar a fração equivalente da renda nacional, transferida ao exterior sob a forma de *superávit* comercial. Se o montante desses serviços aumenta, em função da elevação da taxa internacional de juros, numa proporção superior à taxa de crescimento do PIB, ou da renda nacional, uma fração maior dessa renda será necessária para honrar os encargos da dívida – o que só é possível se houver um corte equivalente nas outras despesas nacionais em dólares, ou seja, nas importações.

No entanto, as importações são essenciais em muitos casos para manter o ritmo da atividade econômica interna e o nível da renda. Cortar as importações significa, pois, reduzir a renda nacional e comprometer uma parte crescente dela com o pagamento do serviço da dívida. É o círculo vicioso da pauperização acelerada, onde se recorre a mais recessão para combater a própria recessão. Internamente, o movimento dos mutuários produziu um impasse, inclusive na área judicial, com o virtual cancelamento do pagamento das prestações habitacionais, tornando explícita a crise bancária doméstica. Do lado externo, a sujeição ao programa de "ajuste" do FMI corresponde, na prática, à decisão a todos os títulos irracional do mutuário que insistisse em manter em dia suas prestações, mesmo sabendo que sua renda tende a cair abaixo do valor delas. Isso apenas adia a hora da verdade da explicitação da crise externa.

Nas circunstâncias brasileiras, para uma melhor compreensão dessas duas crises no nível do senso comum, é necessário ainda isolar, de um lado, o que foi resultado de fraudes, de conluios e de gestão temerária de recursos sociais daquilo que reflete, na atividade econômica produtiva, as distorções do sistema de financiamento. Isso leva também à distinção entre a denúncia de situações que, na essência, são subproduto espúrio do regime autoritário, com o favorecimento oficial à fraude e ao nepotismo, e a crítica aos fundamentos e efeitos de uma política econômica tecnicamente equivocada e socialmente perversa – isto é, de uma política econômica incompatível com um regime político democrático.

De um lado, temos um *caso* criminal. De outro, um *caso* político. Sob o regime autoritário, essas duas instâncias tenderam a se confundir, mesmo porque a tolerância com a corrupção erigiu-se em instrumento de manipulação de poder de acordo com a ótica do mago político do regime, o general Golbery, enquanto o mago da economia se cercava de um círculo privilegiado para o qual o poder político se tornou mero instrumento de corrupção. Sob o regime democrático em construção, será imprescindível separar claramente essas duas instâncias, a fim de não se confundir o que deve ser trabalho fundamentalmente da polícia e da Justiça do que se constituirá em prolongada tarefa de reformulação institucional.

É que, para além das fraudes do Sistema Financeiro de Habitação, há o desvirtuamento de seus objetivos e a ruptura de sua lógica de funcionamento. Isso de fato permeia todo o sistema bancário e se observou, em escala menor, mas novamente sob a forma de escândalo, noutro subsistema especializado da economia, o da construção naval. Aqui de novo houve a fraude, mas junto com ela o indício da ruptura entre a órbita financeira da economia e a órbita do produto real.

O que de fato aconteceu nos dois casos, para além da fraude? Tanto para o navio quanto para a casa, o custo financeiro crescente embutido no preço final do produto tornou impossível o retorno normal do financiamento, num caso pela queda da renda do mutuário, noutro pela quebra de receita virtual do armador em relação a aplicações alternativas num momento de drástica redução do investimento e da produção comercializável do País. Sem a recuperação do financiamento e sem a realização de lucro, não é possível a retomada do investimento. Apenas cresce, inexorável, a dívida financeira dos *já* financiados, que permanentemente oscilam entre a moratória e a recontratação do financiamento em novos termos – nisso tomando apenas algum fôlego para o breve reencontro com a crise, que se torna aguda quando a poupança financeira captada pelo sistema bancário sofre flutuações bruscas.

Em escala doméstica, temos dessa forma reproduzido o destino do País inteiro, refém das circunstâncias herdadas da economia política e da política econômica do autoritarismo. Os mutuários do SFH e os estaleiros/armadores, como o próprio País, passaram o ano de 1984 a renegociar suas dívidas – ou a compatibilizar os custos crescentes e autônomos de seus encargos com uma renda real em declínio. Muitos bancos tiveram de recorrer à assistência oficial para recompor o passivo, outros quebraram. O futuro está hipotecado à solução desse impasse, sem a qual será impossível a retomada em larga escala do financiamento e da construção, independentemente da virtual escassez objetiva de habitações e de navios.

Como há limites concretos à absorção desses custos de refinanciamento de uma dívida crescente, e que se torna ainda maior quando comparada ao produto real estabilizado e ao investimento global em queda, o próprio sistema de intermediação estremece. Na virada de 1984 para 1985, sentiram-se os primeiros sinais de alarma da iminente crise bancária, que só não se generaliza porque o grosso dos capitais dos aplicadores, que gira no chamado mercado monetário, tem o próprio governo nas duas pontas – como devedor dos títulos e como garantidor das dívidas.

Diante dessa crise generalizada, uma desmoralizada equipe econômica – finalmente derrotada, junto com o regime, na luta política da sucessão – perdeu até mesmo a iniciativa da trapaça. Relaxou em todos os controles, até mesmo nos preços administrados. Saiu de cena sem glória, sem o respeito da opinião pública e sob o desprezo até daqueles a que melhor serviu, os ricos e os muito ricos. Enfim, dissociou-se do destino nacional, repassado à Nova República com a imensa conta das três grandes dívidas herdadas: a dívida externa da Nação, a dívida interna do setor público e a dívida social dos beneficiários de duas décadas de autoritarismo.

Epílogo

O Legado à Nova República:

O Encilhamento Financeiro Geral

A essência da política econômica do regime autoritário, subordinada à concepção internacionalista da economia política global, fundou-se no pressuposto equivocado de que o sistema financeiro internacional funcionaria "normalmente" como poço sem fundo de créditos até o fim dos tempos. A arte dessa política resumira-se em criar e expandir as condições de integração da economia brasileira nesse mercado de dinheiro "barato", cujas forças "naturais" deveriam financiar o desenvolvimento nacional. Em vez disso, o que se verificou foi a perda completa de autonomia da política econômica e a *dolarização* do sistema financeiro privado e do sistema de empresas públicas, que terminaram por conduzir o País ao atual encilhamento financeiro, externo e interno. Esse desfecho, de resto previsível, foi precedido pela dramática reversão de expectativas nos mercados de divisas e de moedas, levando a brusca interrupção da expansão do crédito, a partir de 1979/80. Façamos uma retrospectiva de como se chegou a essa situação.

A expansão internacional do sistema privado de crédito, verificada basicamente a partir de 1968, permitiu a um conjunto de grandes bancos escapar a qualquer controle dos bancos centrais e de outras autoridades nacionais dos Estados Unidos e da Europa. Seu pólo dinâmico era comandado pelos dez maiores bancos norte-americanos, que saíram dos limites territoriais dos Estados Unidos para operar mais livremente no florescente mercado de euromoedas. As transações comerciais e financeiras entre esse clube bancário restrito e um conjunto das maiores empresas transnacionais do mundo constituíram um circuito privilegiado de expansão.

A base primária de liquidez internacional foi alimentada inicialmente pelo déficit do balanço de pagamentos norte-americano, seguido pela expansão do comércio intra-europeu e, depois da primeira crise do petróleo, pela reciclagem dos excedentes de petrodólares. Mas o crescimento rápido e descontrolado do crédito interbancário foi muito além da multiplicação dessa base monetária, constituindo-se num fenômeno sem precedentes no mundo capitalista. O caráter transnacional dos bancos permitiu-lhes estender novas linhas de crédito num ritmo acelerado, sem nenhum limite, pois não estão submetidos a qualquer regra ou lei de manutenção de reservas bancárias mínimas. Não haveria crise de liquidez, por definição: aos saques contra um membro do clube correspondiam depósitos nos demais, com o que o próprio crédito interbancário encarregava-se de restabelecer continuamente um novo equilíbrio com ampliação desmesurada da liquidez. Enfim, para compatibilizar os prazos curtos dos depósitos com os empréstimos de longo prazo, impuseram aos devedores e estes se acomodaram à regra da repactuação periódica das taxas de juros, tomando por base a taxa interbancária por eles próprios arbitrada.

A especulação bem-sucedida contra moedas fracas, acentuada com a desvalorização do dólar em 1971 e a ruptura do esquema de taxas fixas de Bretton Woods, afastou esse clube das práticas tradicionais de autoproteção e de segurança bancárias, lançando-o à busca desenfreada de lucros fáceis e rápidos no mercado de divisas. Durante quase uma década, as autoridades nacionais da economia dominante, os Estados Unidos, limitaram-se a reagir de forma passiva ao ataque a sua debilitada moeda através dos gigantescos movimentos de capital especulativo, transferidos de um ponto a outro do globo à velocidade dos sinais eletrônicos.

Favorecidos pelas políticas monetárias restritivas das maioria dos bancos centrais dos países industriais, os grandes bancos privados promoveram um desenfreado aumento de crédito, saindo à cata de aplicadores e novos devedores. Os banqueiros internacionais literalmente empurraram dinheiro "barato" *goela abaixo* de todos os países do Terceiro Mundo e de vários da órbita socialista. Barato sobretudo porque, através da ampliação do circuito interbancário, conseguiam gerar e aumentar o crédito global a uma taxa da ordem de 25% ao ano durante mais de dez anos, até a mudança da política monetária norte-americana no fim da década de 70. Essa expansão de crédito, a todos os títulos inaudita, foi muito além de sua base primária (o déficit dos Estados Unidos e os excedentes de petrodólares) e mesmo da taxa de crescimento dos lucros e do capital dos principais bancos, da ordem de 10% ao ano.

Na ciranda financeira em escala internacional acabaram entrando mais de 3 mil bancos de todos os países do mundo, liderados pelo sindicato bancário dos maiores. Entraram até bancos privados e públicos dos países subdesenvolvidos, atraídos pelos pingues lucros do mercado especulativo de moedas. Isso explica por que países como a Argentina se endividaram sem sequer poder justificar-se com o pretexto de déficit no balanço de pagamentos. Nesse, como em outros países – e também no Brasil, na primeira fase –, a entrada de dólares era injustificável do ponto de vista macroeconômico, tendo servido apenas para alimentar a especulação bancária local em conluio com parceiros internacionais de maior opulência.

O monetarismo e a sobrevalorização cambial tornaram-se, progressivamente, uma prática generalizada no Terceiro Mundo, em particular na América Latina, com o objetivo de atrair empréstimos em moeda denominados em dólar. Quanto mais drásticas fossem as políticas monetárias e os cortes de crédito interno, maiores os diferenciais de taxas de juros entre o mercado interno e o externo, e maior o estímulo à entrada de capital bancário internacional. Por isso é que o monetarismo das décadas de 70 e 80 se tornou uma verdadeira praga auxiliar do capitalismo financeiro especulativo, sem desempenhar seu papel clássico de instrumento de política antiinflacionária. Ao contrário do que ocorria na década de 50, a política monetarista, aplicada com persistência e generalizada no fim dos anos 70 e começo dos 80, conseguiu no máximo provocar recessão, sem qualquer efeito no combate à inflação. Esta, pelo contrário, move-se tocada por choques externos e propaga-se através de mecanismos de indexação formais ou informais dos ativos financeiros.

Apesar do fracasso da política monetária para combater a inflação, a crença no monetarismo continuou e ainda se mantém viva nos países devedores. Isso só pode ser explicado ou pela cegueira ideológica ou pela visível subserviência dos formuladores de política econômica aos interesses do sistema bancário internacional – ou, ainda, por uma combinação perversa de ambos os motivos.

O endividamento externo brasileiro

O Brasil não fugiu à regra do endividamento geral em dólares, mesmo antes do primeiro choque do petróleo e do alinhamento com as políticas monetaristas. De 1969 a 1973, apesar de uma balança comercial equilibrada, o ministro Delfim Neto admitiu um endividamento externo bancário praticamente inútil do ponto de vista da "poupança" macroeconômica. Era favorável, porém, à lucratividade do setor privado, sobretudo do multinacional aqui instalado.

De fato, as empresas internacionais foram responsáveis, nesse período, por mais de 60% dos empréstimos em moeda, que alcançaram 10 bilhões de dólares. As vantagens do endividamento para as multinacionais eram de várias naturezas – a começar pelo fato de que escamoteavam, sob a forma de capital de empréstimo indiretamente avalizado pelo Banco Central, o capital destinado a investimento de risco. Sua rentabilidade crescia, primeiro porque podiam mascarar lucros sob a forma de pagamento de juros a si mesmas, disfarçadas como entidades credoras apátridas baseadas nos paraísos fiscais, evadindo-se à tributação no Brasil e no país de origem. Segundo, porque barateavam seu capital de giro, dado o diferencial a seu favor das taxas de juros. E, finalmente, porque o endividamento além-fronteiras, mas interno à empresa, possibilita todo tipo de expediente nas relações com as matrizes e com os bancos internacionais.

As empresas estatais também lançariam mão de empréstimos em moeda, menos para cobrir despesas de importação, em geral financiadas por créditos de fornecedores, que para obter disponibilidades livres e "baratas" de recursos em cruzeiros. Estes não apenas lhes garantiam maior autonomia financeira sem necessidade de recorrer ao incipiente mercado local de capitais, volátil e instável, como também lhes possibilitaram *embonecar* os balanços e superestimar a taxa de lucratividade dos seus projetos. Embora sua participação na tomada de recursos fosse de apenas 25% em 71/72, data de então o começo de sua utilização como instrumento de captação de recursos externos e a origem de seus problemas orçamentários posteriores. Assim, a estatização forçada da dívida externa e o endividamento em bola de neve têm suas raízes originárias firmemente plantadas no período do "milagre", quando o Brasil não apresentava qualquer desequilíbrio maior no balanço de pagamentos.

Para se ter uma noção do significado meramente financeiro do endividamento brasileiro, desde a origem, basta cotejar as cifras das contas externas do período. De 1969 a 1973, dos 10 bilhões de empréstimos em moeda, mais de 6 bilhões ficaram retidos no exterior em depósitos no sistema bancário, sob a forma de reservas, e 1,6 bilhão correspondeu ao pagamento de juros líquidos aos próprios banqueiros – e portanto também não entrou. Os créditos comerciais, de 4,3 bilhões de dólares, mais do que compensaram o déficit do balanço de serviços produtivos, de pouco mais de 2 bilhões de dólares. Assim, o Brasil, que iniciara o "milagre" com uma dívida externa bruta de pouco mais de 3 bilhões de dólares, encerrou o período com uma dívida de 12,6 bilhões – sem contrapartida de entrada de recursos reais, com o objetivo exclusivo de enfeitar o balanço de pagamentos global e os balanços individuais das empresas devedoras.

A evolução das contas externas no período do II PND foi previamente comentada. Aqui de fato surgiu, inicialmente, um desequilíbrio comercial que em 1974-76 foi da ordem de 10 bilhões de dólares – superior aos créditos de importação obtidos no exterior e à entrada de capital de risco na mesma época, de respectivamente 5,3 bilhões e 3 bilhões de dólares. Os empréstimos em moeda, de quase 16 bilhões, não se destinavam, porém, em sua maioria, a financiar em termos reais a correspondente brecha comercial ou o "hiato de recursos" líquidos. Destinavam-se sobretudo a pagar 11 bilhões de dólares do serviço da dívida acumulada na fase anterior.

Daí surgiu o agravamento do fenômeno de estatização da dívida externa. A captação de empréstimos em moeda pelo setor público, ao abrigo da Lei 4.131, que representara apenas 25% em 1972, saltou para 50% em 1975 e alcançou mais de 76% em 1979/80. A maior parte desses empréstimos destinava-se a refinanciar a própria dívida externa primária contratada no período do "milagre" e na primeira fase do Governo Geisel, quando não houve aumento de reservas. No segundo período Geisel, em 1977/78, o aumento do endividamento atendeu de novo ao propósito de acumulação de reservas e de alavancagem de recursos em cruzeiros para os grandes programas de investimento estatal.

Uma vez mais, nessa fase, a balança comercial e de serviços produtivos, com déficits reduzidos e tendência ao declínio, estava coberta pelo financiamento de importações de cerca de 4 bilhões de dólares. Os empréstimos em moeda foram usados para cobrir o serviço da dívida passada e acumular reservas, que no fim do período alcançaram cintilantes 12 bilhões de dólares, enquanto a dívida bruta havia superado os 43 bilhões.

Paralelamente ao avanço da dívida estatal, houve outro fenômeno de "estatização" da dívida que, no futuro, teria um efeito explosivo sobre o passivo das autoridades monetárias e a administração global das contas do setor público. Trata-se da Resolução 432 do Conselho Monetário, de meados de 1977, que se destinou a armar um escudo de proteção para aumento da captação privada. Na prática, esse mecanismo de pseudogarantia contra o risco cambial se converteu num instrumento de socialização de perdas, com as desvalorizações cambiais que ocorreram em 1979 e 1983, já em pleno período de estrangulamento do crédito externo.

A maioria dos recursos novos, em moeda estrangeira, captada após 1978 pelo setor privado bancário ou por empresas internacionais, ficou em verdade depositada no Banco Central, ao abrigo da Resolução 432, e não teve tomador privado em cruzeiros. Isso porque os tomadores originais dos dólares, mesmo quando se tratava de empresas internacionais, não mais precisavam desses recursos, pois se haviam tornado superavitários tanto do ponto de vista interno, de vez que já não reinvestiam seus lucros em programas de expansão, quanto do ponto de vista comercial, dado o superávit crescente nas suas relações comerciais com o exterior. Também não havia tomadores internos de operações 63, por motivos semelhantes, exceto as empresas estatais de segunda linha e alguns governos estaduais e municipais sem acesso direto às praças internacionais, empurrados ao endividamento em dólares por ato deliberado do próprio governo. Em síntese, os depósitos em dólares à ordem do Banco Central serviram apenas de *hedge* cambial para as operações internacionais das grandes organizações empresariais superavitárias.

Com isso, as empresas internacionais e os bancos com excedentes líquidos em cruzeiros e compromissos externos por vencer ganham a correção cambial em cruzeiros, mais os juros e *spreads* em dólares, pois em geral são tomadores de si mesmos. Em conseqüência, aumenta o passivo do Banco Central, que se vê obrigado a empilhar títulos da dívida pública do lado do ativo para evitar o aparecimento de um prejuízo operacional. Ao mesmo tempo, fica automaticamente estatizada a dívida externa dos tomadores privados.

Enquanto as empresas internacionais e os bancos têm seu patrimônio em cruzeiros não apenas preservado, mas aumentado, o contrário ocorre com as empresas nacionais e estatais devedoras em dólares, e *sem* saldos líquidos em cruzeiros. Estas sofrem um aumento da carga financeira da dívida externa cada vez que ocorre uma desvalorização cambial e, além disso, são obrigadas a se endividar em cruzeiros junto ao sistema bancário nacional a taxas de juros escorchantes para resolver seus problemas de capital de giro e liquidez. Ao fim de pouco tempo, crescentemente deficitárias, viram diluir-se as margens de lucro operacional e estourar sua situação patrimonial – no que a análise vulgar definiu, de forma acrítica, como o "problema do déficit das estatais".

Tal processo de endividamento, basicamente financeiro, atrelou o destino da economia como um todo e, em particular, o funcionamento e a expansão do setor público e do setor financeiro privado aos azares da evolução descontrolada do sistema de crédito internacional. Quando este rompeu, em setembro de 1982, o Brasil se encontrava à beira da insolvência e teve de recorrer ao FMI para renegociar sua dívida.

As peripécias das negociações brasileiras sob o FMI, como comentado anteriormente, não levaram a qualquer resultado, a não ser o incremento da dívida até o ano de 1984. As conseqüências globais desse processo de endividamento são aterradoras. Vimos como já tinha sido inócuo do ponto de vista da taxa global de poupança e perverso do ponto de vista dos custos financeiros até 1979. No entanto, cabe ressaltar que o aumento da dívida externa entre 1969 e 1978 correspondeu, apesar de tudo, a uma entrada líquida de recursos financeiros da ordem de 38 bilhões de dólares. Se bem fosse praticamente "estéril" do ponto de vista da taxa de poupança agregada da economia, correspondeu a um aumento efetivo de liquidez em cruzeiros, embora à custa de elevar a dívida brasileira global para 43,5 bilhões de dólares no início de 1979.

Contudo, de 1979 a 1984, a dívida saltou para 100 bilhões de dólares, sem que praticamente entrasse qualquer recurso novo, já que se tratava apenas de refinanciamento da dívida velha. Em termos reais, verificou-se uma queda na taxa de poupança e investimento e, em termos monetários, um aperto de liquidez crescente que levou o País à beira da insolvência. A diferença entre as duas posições da dívida global equivale, em preços de 1978, à perda de renda real e à transferência efetiva de recursos para o exterior, embutidas na elevação da taxa de juros externa, nos *spreads* e comissões de renegociação e na perda de relações de troca comercial. Nesse período, ao contrário do anterior, não houve entrada líquida de capital e a restrição de liquidez interna em cruzeiros só aparentemente se destinava a combater a inflação. O seu objetivo era obter o "ajuste monetário do balanço de pagamentos", vale dizer, financiar em cruzeiros o "ajuste" recessivo capaz de produzir dólares.

Esse "ajuste" provocado pelos cortes sucessivos nos gastos públicos, nos salários e no crédito conduziu a uma redução das importações e ao aumento dos excedentes exportáveis que não encontravam espaço no mercado interno em contração. As desvalorizações sucessivas do cruzeiro ajudaram a financiar os exportadores para que se dirigissem ao mercado externo. A restrição das disponibilidades internas de alimentos e de bens de consumo da classe assalariada junto à pressão dos passivos em dólar provocaram uma aceleração inflacionária sem precedentes, que levou ao encilhamento financeiro interno das contas do setor público. Isso se deu no contexto da ruptura do sistema internacional de crédito e da retomada da hegemonia norte-americana, de efeitos diretos sobre os países devedores, e que imprimiram, como se verá, um caráter peculiar à crise financeira que avassala o mundo.

A ruptura do sistema internacional de crédito

O sistema financeiro internacional dera sinais de ruptura em alguns pontos isolados do Terceiro Mundo desde o segundo choque do petróleo e o estouro da taxa de juros norte-americana, em fins de 1979, levando à beira do colapso países devedores mais frágeis. Esteve próximo do pânico com o craque polonês de 1980. A partir daí, o crédito bancário sofreu a primeira retração global desde os primórdios da expansão do euromercado, e os grandes bancos norte-americanos foram obrigados a substituir os seus congêneres do resto do mundo, que se retiravam aceleradamente do mercado de crédito. Detentores, em 1980, de 17% dos empréstimos internacionais, já tinham assumido 92% do total em setembro de 1982.

Os países devedores, mesmo os mais bem situados do ponto de vista do risco, como Brasil e México, começaram a perder reservas. O México, como grande exportador de petróleo para os Estados Unidos, mudou rapidamente a natureza de seu endividamento para crédito comercial de curto prazo. Logo em seguida, aproveitou a situação peculiar de seu mercado financeiro *em dólares,* e sem controle oficial e centralizado de câmbio, para promover um gigantesco endividamento no mercado monetário norte-americano, através de garantias cruzadas dos seus principais bancos e empresas com os bancos norte-americanos associados.

O Brasil continuou perdendo reservas aceleradamente. Tentou, por sua própria conta, fazer, em fins de 80/81, um ajustamento recessivo para provocar superávits comerciais. Como eram insuficientes para o pagamento dos juros, recorreu a uma infinidade de expedientes de curtíssimo prazo, desde as "triplicatas" da Petrobrás até a ordem para o engajamento do Banco do Brasil e de alguns bancos privados nacionais no mercado de *overnight* de Nova York. Enquanto as autoridades de ambos os países falavam de crise de liquidez, a economia mexicana aproximou-se rapidamente da insolvência com a fuga dramática de capitais através de seu sistema bancário aberto. A moratória mexicana provocou verdadeiro terremoto no sistema financeiro internacional. Para evitar a quebra em cadeia de bancos e empresas endividadas, o Governo do México viu-se obrigado a recorrer à estatização simultânea do sistema bancário interno e da dívida externa. Essa medida encontrou menos resistência do que o esperado nos Estados Unidos, já que ela, na prática, resguardava também os interesses dos bancos norte-americanos mais expostos.

O Brasil escapou de *estouro* semelhante por ter controle de câmbio, pela sustentação que os grandes bancos norte-americanos concordaram em dar aos bancos brasileiros em Nova York e por causa do suporte político, materializado num empréstimo-ponte de emergência do Tesouro norte-americano, manifestado pelo presidente Reagan em sua visita ao Brasil em fins de 1982. Estava implícito, porém, que recorreria ao FMI, como o México, para o refinanciamento global da dívida em todos os seus componentes: a dívida oficial do setor público, a dívida bancária privada e a dívida oriunda de crédito comercial. Desde então, esses três componentes da dívida ficaram atados a um único *pacote* de negociações, eliminando as margens de manobra que permitissem a negociação isolada de qualquer deles.

Os banqueiros norte-americanos apelaram, assim, à cobertura das instituições públicas internacionais (FMI, Banco Mundial e Banco de Compensações Internacionais) e dos governos das principais potências desenvolvidas (Clube de Paris, além do Tesouro dos Estados Unidos) para trazer de volta ao refinanciamento da dívida os arredios banqueiros europeus e estabelecer uma política coordenada dos credores e de ajustamento sincronizado dos devedores. As amortizações ficaram suspensas temporariamente, e a parte dos juros que não pôde ser coberta por superávits comerciais foi refinanciada através dos *pacotes* que envolviam, sob o comando dos grandes bancos norte-americanos, milhares de pequenos e médios bancos que assim pagaram, compulsoriamente, pela aventura de seu engajamento na voragem especulativa mundial. (Alguns deles, ao longo do tempo, não vêm respeitando a cláusula de garantia do *cross-default* e foram apagando paulatinamente as suas posições credoras contra o Terceiro Mundo; outros conseguiram livrar-se de suas posições com deságio.)

O caráter peculiar e inédito da atual crise financeira ressalta de sua comparação com as crises internacionais anteriores, quando as dívidas do Terceiro Mundo se desvalorizavam ao longo do tempo em termos reais. Agora, em apenas cinco anos, o valor da dívida de um país como o Brasil mais do que dobrou sem nenhum aporte real de capital. A explicação desse fenômeno sem precedentes deve ser buscada no movimento de retomada da hegemonia financeira norte-americana, com a política do dólar forte do Banco Central dos Estados Unidos (FED) e a política fiscal do Governo Reagan.

Na situação que prevalecia até 1979, a política norte-americana limitou-se a acompanhar, impotente, o processo de desvalorização do dólar em paralelo com a expansão descontrolada do sistema bancário mundial, liderada pelos seus próprios bancos e pelas multinacionais de capital norte-americano – que por certo não tinham escrúpulos em agir no seu próprio interesse, em prejuízo do interesse nacional dos Estados Unidos.

A guinada na política monetária do FED restabeleceu a diplomacia do dólar forte e salvou a posição hegemônica dos bancos norte-americanos, embora tenha custado, aos Estados Unidos e à economia mundial, uma recessão contínua de três anos. Quebraram várias grandes empresas e alguns bancos menores, inclusive norte-americanos. A economia dos Estados Unidos, pressionada pela elevação dos juros, foi submetida a uma violenta tensão estrutural que afetou não apenas os setores tradicionais, mas grandes empresas de setores dinâmicos, pelo excessivo endividamento. O início da recessão, a escalada do desemprego e a violenta elevação da taxa de juros pesaram decisivamente, como é de amplo conhecimento, na derrota eleitoral do presidente Carter. No entanto, ao generalizar a recessão à escala mundial e dobrar os seus sócios e concorrentes mais poderosos – a Alemanha e o Japão –, os Estados Unidos reimplantaram o dólar como moeda internacional dominante. Assim, submeteram a economia mundial e o seu próprio capital industrial ao jogo dos interesses supremos do capital financeiro.

A vitória de Reagan e a execução de sua doutrina de retomada da expansão (ou do poderio militar) dos Estados Unidos através de um déficit fiscal crescente, provocado por corte de impostos e aumentos contínuos dos gastos militares, resultaram numa pressão verdadeiramente imperial sobre o resto do mundo. Os banqueiros internacionais, que praticamente tinham interrompido a expansão global do crédito, através de sua contração para o Terceiro Mundo e da corrida de volta aos Estados Unidos, aí encontraram nova base de expansão sem limite: a capacidade de endividamento do setor público norte-americano. Com efeito, a dívida pública dos Estados Unidos triplicou em três anos, entre 1980 e 1983. Refletia a expansão do gasto militar, mas sobretudo o aumento do déficit financeiro provocado pela elevação dramática e sustentada da taxa de juros. Em maio de 1985, atingia a cifra astronômica de 1.600 bilhões de dólares, o que equivale a 80% do volume de dinheiro do mercado mundial. Pode-se avaliar a força de sucção de liquidez internacional que isso representa!

Mas não foi só a liquidez. Foi também a poupança real do resto do mundo que começou a fluir para os Estados Unidos, a partir da sua recuperação e das políticas sincronizadamente recessivas dos demais países capitalistas.

Do ponto de vista das contas externas norte-americanas, houve completa reversão da situação anterior. Os Estados Unidos passaram de superavitários a deficitários na balança comercial; e de deficitários a superavitários no balanço de pagamentos. O país, que fora o maior exportador de capital do mundo, desde a década de 20 até o começo da década de 70, não só fez repatriar enormes volumes de capital de suas multinacionais e de seus bancos, como se tornou devedor líquido do resto do mundo. Além da contribuição da Europa, do Canadá e do Japão, também os miseráveis países do Terceiro Mundo se viram objeto dessa sangria: só a América Latina deu uma contribuição à "retomada" da hegemonia americana, em termos de transferência real de renda, da ordem de 100 bilhões de dólares no curto período de 1982 a 1984. (Calcula-se que algo equivalente exista de depósitos de rentistas latino-americanos nas contas bancárias transnacionais, cuja cabeça financeira se deslocou dos famosos paraísos fiscais e dos malfadados "gnomos" suíços para os cérebros eletrônicos do mercado monetário de Nova York.)

A "ciranda financeira" nos Estados Unidos tem um contorno aparente semelhante ao da que se vinha desenvolvendo no Brasil desde os anos 70. Em essência, apóia-se na expansão da dívida pública, cujo giro serve de base para a expansão do mercado interbancário liderado pelos grandes bancos internacionais, como agentes dos credores internos e do resto do mundo. A diferença em relação à *nossa* "ciranda", que não por acaso é a diferença substantiva e essencial, é que o Banco Central norte-americano é o poder emissor da moeda dominante, o dólar, na qual estão denominadas ambas as dívidas, a interna e a externa. O duplo papel do dólar, como moeda interna e internacional, permite que os credores externos, ao financiarem o balanço de pagamentos, financiem também parte do déficit público. Isso possibilita aos Estados Unidos exibirem um déficit fiscal e um déficit comercial gigantescos, com superávit final na conta de capitais.

Até quando os Estados Unidos continuarão nessa política não é previsível. Em 1984, seu produto interno cresceu 6% e o aumento fantástico das importações fez desse país uma espécie de "locomotiva comercial" que permitiu ao resto do mundo, inclusive o Brasil, taxas moderadas de crescimento a partir de uma expansão sem precedentes das exportações. Mas a economia norte-americana está entrando de novo em esfriamento e essa dinâmica exportadora defronta-se agora com restrições protecionistas mais fortes, decorrentes do declínio do dinamismo da economia dominante.

Enquanto isso, o sistema bancário internacional voltou a se recusar a financiar incrementos de dívida externa dos países periféricos e exige, nas novas negociações com o México e, atualmente, com o Brasil, esquemas de refinanciamento que, além do pagamento dos juros, comecem de novo a amortizar o principal. A pressão do pagamento simultâneo da dívida externa e da dívida interna está levando todos os países da periferia à liquidação, falência ou estatização do sistema bancário. O Peru, a Bolívia, o Chile, a Argentina e o México já experimentaram os efeitos da desestruturação financeira que atingiu os seus débeis sistemas bancários locais. Toca agora ao Brasil o teste de sobrevivência dos seus bancos e das suas finanças públicas.

O encilhamento interno

No Brasil, com a dolarização da economia, a dívida pública interna também se expandiu na década de 70 como contrapartida do endividamento em dólares. O sistema bancário privado igualmente se dolarizou e com isso criou uma base externa para a expansão de liquidez interna. No entanto, a partir de 1977, a base monetária em cruzeiros começou a contrair-se, enquanto aumentavam os títulos dolarizados da dívida pública. O *problema* está em que o Banco Central não pode emitir dólares reais, nem tampouco o podem os bancos brasileiros. Só um excedente em dólares *disponível,* de origem comercial ou financeira, pode constituir uma base de expansão externa do crédito em cruzeiros.

Portanto, a partir de certo momento, a dívida pública interna se deslocou da dívida externa e acionou um mecanismo endógeno de expansão, pelo qual é preciso emitir continuamente dívida nova para rolar dívida antiga. Agora, já sem a contrapartida da entrada líquida de dólares, que praticamente parou desde 1979. O giro dessa dívida pública interna depende da captação de recursos excedentes em cruzeiros das principais empresas privadas ou de rentistas particulares. No entanto, a situação de encilhamento das empresas estatais e o déficit financeiro do setor público provocado pelo contravalor em cruzeiros da remessa de juros forçaram uma situação inédita na qual o sistema bancário privado, que até 1980 era apenas intermediador da dívida mobiliária do setor público, passou a financiar correntemente o capital de giro das empresas estatais e dos governos estaduais e até municipais.

Em 1981, apenas 2% do crédito do setor privado bancário se destinavam ao setor público, enquanto a quase totalidade dele retornava ao próprio setor privado. O "ajuste" recessivo e o estouro das taxas de juros no mercado interno afugentaram dos bancos os grandes tomadores privados que, sob pena de quebrar, tiveram de se ver livres do crédito comercial bancário. Hoje, qualquer empresa com liquidez é aplicadora líquida no mercado monetário de curtíssimo prazo e financia o seu próprio capital de giro. Quanto às empresas privadas sem liquidez, já estão no regime concordatário ou para ele caminham, e só conseguem renovar seus créditos pelos mecanismos convencionais de chantagem do *grande* devedor.

Não sobra, pois, aos bancos outra alternativa senão a de financiar um tipo especial de clientes com aperto de liquidez, mas sem risco de quebra. Essa é justamente a categoria das "estatais". Assim, o sistema bancário diminui o mais que pode o refinanciamento da dívida do setor privado mais debilitado e se obriga, na prática, a ampliar em ritmo acelerado o refinanciamento do setor público, que se supõe não vá quebrar. Esse ritmo se deve basicamente à alta taxa de juros, da ordem de 40% ao ano em termos reais. Em conseqüência, já no final de 1984, 60% do crédito bancário comercial se dirigiam a entidades governamentais.

Essa foi uma forma peculiar brasileira de estatizar o crédito bancário comercial sem passar pela estatização formal dos bancos. Nem pela dominância nesse mercado do Banco do Brasil, que até há pouco tempo ocupava uma posição inexpressiva no conjunto das operações desse tipo por lhe estar reservada a fatia desinteressante do mercado de crédito: as empresas nacionais debilitadas e o crédito agrícola de taxas de juros sob controle. O mesmo ocorreria com o BNDES, que se viu forçado a usar o grosso de seus recursos para socorrer as empresas de sua própria clientela que sobraram do evanescente programa de insumos estratégicos e de bens de capital, e que estão sobrevivendo a duras penas ao "ajuste" recessivo. Desse modo, processa-se um paradoxal fenômeno de "desestatização" em que as agências públicas vão perdendo posição no conjunto do mercado financeiro e emprestam basicamente ao setor privado exangue, enquanto os bancos privados aumentam sua participação relativa no mercado de crédito e financiam preferencialmente o setor público.*

---

* Essa esdrúxula situação bancária herdada pela Nova República começou a ser

Os limites teóricos do crescimento da dívida pública interna estariam dados, nesse esquema perverso em que a política econômica do autoritarismo nos meteu, pelo contravalor em cruzeiros do serviço da dívida externa, mais o *ágio* imposto pelo monetarismo míope sob forma de pressão sobre a taxa de juros doméstica. Razão pela qual foram recebidas com suspeita simpatia as propostas de indexação plena da economia, através da indexação da própria moeda, que passaria a ter um valor estável medido em dólares, tornando-se, assim, aparentemente "conversível".

Desse modo, não haveria maiores discussões metodológicas sobre o caráter *nominal* ou *real* do déficit público: ele seria medido diretamente em dólares ou na moeda indexada equivalente e tornaria transparente que sua origem está indissoluvelmente ligada ao pagamento dos juros e da amortização da dívida externa; e assinalaria o montante exato do superávit comercial necessário para cobri-lo. Assinalaria também o montante da transferência de recursos reais aos banqueiros internacionais. E como a taxa de juros continua escandalosamente maior do que a possível taxa de crescimento do produto e da renda nacionais, assinalaria finalmente quanto os trabalhadores brasileiros e os empresários endividados do setor produtivo privado e público teriam de pagar aos rentistas, nacionais e internacionais, para servir a dívida.

Essa proposta de reforma monetária teve, de qualquer forma, o efeito pedagógico de tornar transparente a natureza do ajustamento que o FMI vem impondo ao Brasil e aos demais países devedores.

Em suma, esse programa, denominado de ajuste monetário do balanço de pagamentos, força o enquadramento de nossas economias a uma posição interna e externa conjunta que reflita, de forma exatamente assimétrica, a posição correspondente dos Estados Unidos: se a economia hegemônica aumenta seu déficit fiscal, o resto do mundo – e nós nele, com nossa modesta parcela de contribuição – deve produzir um superávit fiscal; se os Estados Unidos ampliam seu já gigantesco déficit comercial, o resto do mundo deve realizar um superávit comercial

---

reordenada, em junho, com a autorização ao Banco do Brasil para assumir os créditos dos bancos privados a empresas estatais. As posições credoras estão sendo transferidas com deságio, tomando-se como piso de referência a taxa contratada do empréstimo externo, para evitar que o governo sancione as margens extorsivas de repasse interno cobradas ao setor público pelos bancos. Eventualmente, esse será o caminho da consolidação da dívida interna do setor público, preparatório da capitalização da dívida das "estatais".

compensatório. Só assim é possível garantir o equilíbrio financeiro global, na moeda da economia hegemônica, que se permite ser simultaneamente o emissor da maior dívida pública do planeta, e que promete manter-se nessa direção por motivos estratégicos e políticos.

Não estamos certos se há um limite previsível para a expansão do déficit e da dívida pública dos Estados Unidos. Contudo, temos razões históricas objetivas para supor que os Estados Unidos, estejam sob liderança republicana ou democrata, *não* alterarão sua política monetária e de endividamento apenas por considerações ou injunções de ordem externa, por mais que ela signifique ônus sociais crescentes para seus parceiros industrializados e a superpauperização do Terceiro Mundo. Ao contrário, enquanto prevalecer o atual e instável equilíbrio estratégico no mundo – e ele prevalecerá até onde a vista alcança –, haverá sempre algum bloco político norte-americano com razoável chance de continuar justificando o desconforto imposto ao resto do mundo capitalista como o preço da segurança nuclear e das "liberdades" ocidentais. O que resta saber é para que tipo de "ajustamento" se encaminha agora a economia norte-americana depois do desaquecimento, ou seja, se haverá alguma mudança de rumo por motivos internos.

Pouco se deve esperar também do bloco europeu ocidental, muito menos do Japão. As lideranças políticas dos principais países industrializados capitularam diante da vigorosa iniciativa de retomada da hegemonia do dólar e recolheram seus protestos contra o estrago provocado pela política norte-americana em escala mundial. Na última reunião de cúpula dos "sete grandes", em Bonn, no início de maio, até os governos socialistas da França e da Itália alinharam-se à retórica da austeridade econômica e fiscal, comprometendo-se a aplicar a si mesmos, por influência ideológica e pressão concreta do Governo dos Estados Unidos, a política que os Estados Unidos aplicaram a si apenas pela metade, com seu imenso déficit fiscal.

Fascinados pela retomada norte-americana traduzida nos espetaculares índices do ano passado – expansão do produto à maior taxa nas últimas três décadas, queda do desemprego e contenção da inflação no patamar dos 4% anuais por dois anos –, os líderes europeus culpam seu sistema social pela desaceleração econômica, rotulam seu Estado previdenciário como um desestímulo ao investimento e aceitam estoicamente as mais elevadas taxas de desemprego na Europa, desde a recessão de 30 como uma contingência da modernização tecnológica e da necessidade de reduzir os gastos públicos. Prisioneira, além disso, da dependência estratégica dos Estados Unidos, a Europa tem um reduzido espaço de influência na direção da economia mundial.

Isso não significa que partilhemos a teoria do completo imobilismo à espera da definição de novos rumos do desenvolvimento capitalista pela potência hegemônica. Ao contrário. O que os Estados Unidos não farão de forma espontânea, ou por sua própria iniciativa, poderão ser forçados a fazer para evitar as reverberações internas do sistema econômico e financeiro que comandam. Não pela percepção que seus políticos possam ter das conseqüências, para o sistema democrático, do aprofundamento da crise social no Terceiro Mundo, mas pelas conexões inexoráveis entre a crise econômica e bancária na América Latina e sua economia, através da instabilidade do sistema bancário norte-americano altamente exposto nesta parte do Continente e nos próprios Estados Unidos.

Contudo, para que isso ocorra, terá de se consolidar uma nova concepção de economia política, no Brasil como noutros países da América Latina em condições similares, que inverta o sentido da concepção que prevaleceu sob os sistemas comuns autoritários. Estes limitaram-se a se acomodar à expansão capitalista orientada pelos interesses bancários, procurando pavimentar-lhes o caminho interno segundo a linha de menor resistência. A democratização pressupõe que uma nova economia política tenha por eixo a incorporação dos interesses objetivos da maioria da sociedade brasileira, e que a política econômica seja reconhecida como sua realização prática. Em outras palavras, o que se pode pedir dos governos recém-democratizados da América Latina, e em especial do governo da Nova República, é que assumam a responsabilidade inalienável de enfrentar a crise social interna, e que deixem ao bloco das nações industriais e à potência hegemônica o cuidado com a saúde financeira de seus bancos.

O tempo que resta ao Brasil para tomar decisões não é muito largo, e está limitado, do ponto de vista do balanço de pagamentos, pela precária posição de reservas líquidas que conseguiu acumular em 1984, graças à sobreposição de um enorme superávit comercial com a renegociação do último "jumbo". Neste ano de 1985, os banqueiros internacionais não estão dispostos a nos dar *"dinheiro novo"*, como eles denominam o refinanciamento forçado a que nos vimos obrigados nos últimos três anos.

Assim, a política econômica da Nova República confronta-se com um novo aperto de liquidez interna para girar tanto a dívida pública como o contravalor em cruzeiros do pagamento dos juros externos. A esta altura, ainda não está claro qual será a solução do impasse. Mas é evidente que estamos jogando o nosso destino como Nação soberana até o fim do século e, de modo distinto, também o destino da democracia recém-conquistada.

O grande salto para o caos foi escrito na atmosfera sombria da economia inflacionária herdada do velho regime, quando o comando da política econômica da Nova República ainda se debatia na indefinição de uma estratégia eficaz contra a crise. Não obstante seu empenho em consolidar avanços no campo político e institucional, o Governo constituído pela Aliança Democrática, oriundo de um movimento de massas sem precedentes nesta geração, revelava-se no início tímido, embaraçado e mesmo conservador no campo econômico. Na realidade, as iniciativas mais ousadas nesse terreno resultaram na repetição e radicalização de equívocos passados, e de efeitos igualmente desastrosos.

Na ausência de uma proposta coerente de reordenamento geral, a política econômica reduzia-se a um conjunto de ações tópicas em reação a contingências. Diante do relaxamento proposital dos controles de preços administrados, adotado no ocaso da administração anterior, voltou-se a uma disciplina mais rígida por temor da aceleração inflacionária. O ritmo da inflação de fato baixou nos três primeiros meses do novo Governo. Contudo, não houve coordenação entre a política de preços e a política financeira. Por conta própria, o Banco Central decidiu adotar uma nova fórmula de correção monetária legal, baseada na média geométrica da inflação dos últimos três meses.

A principal característica dessa fórmula era que, enquanto a inflação estivesse em queda, a correção monetária legal das obrigações e dos ativos financeiros ficaria acima da inflação. Caso a inflação voltasse a se acelerar, a correção seria inferior ao aumento do índice geral de preços. Na primeira hipótese, funcionava um mecanismo inexorável de transferência de renda de devedores para credores – em especial, do Estado, emissor da dívida pública, para o setor privado superavitário. Na segunda, deveria ocorrer o efeito contrário. Contudo, nas circunstâncias em que operava o mercado financeiro brasileiro, seria virtualmente impossível a efetivação da segunda hipótese.

Além do aumento da renda financeira embutido na fórmula da correção monetária, a política monetária e financeira comandada pelo Banco Central favorecia deliberadamente a escalada dos juros. No seu primeiro e único pronunciamento perante o Congresso Nacional sobre o estado da economia, o ministro da Fazenda, Francisco Dornelles, fez um candente libelo sobre o gasto público incontrolado, atribuindo ao déficit governamental a responsabilidade pela persistência da inflação. Em razão desse diagnóstico, que espelhava a metodologia de quantificação macroeconômica do FMI e, em certo sentido, ia além de suas exigências, unificaram-se os três orçamentos do setor público – o da União, o das empresas estatais produtivas e o monetário – sob a ótica da gestão de caixa do Tesouro, através do Banco Central. Anunciou-se um déficit público potencial da ordem de Cr$ 120 trilhões, para o ano, e o propósito de reduzi-lo para Cr$ 80 trilhões.

O discurso ideológico em voga proclamava que, enquanto subsistisse o déficit e na ausência de mecanismos de financiamento de longo prazo a taxas moderadas de juros, era necessário financiá-lo a curto prazo, no mercado aberto, às taxas exigidas pelos donos da poupança financeira. Sob esse pretexto, as taxas do *open* foram elevadas pelo Banco Central ao nível escatológico de 21% reais, ao ano, e aí permaneceram por cerca de três meses. Mais tempo permaneceriam caso um incidente menor de intriga burocrática, oriundo do segundo escalão governamental, não tivesse criado para o ministro da Fazenda escolhido por Tancredo Neves o constrangimento que o levou a pedir demissão ao presidente Sarney.

☆☆☆

No plano externo, preparava-se mais uma carta de intenções a ser submetida ao aval do FMI, com as implicações conhecidas de política econômica recessiva, sempre sob o pretexto de controlar por essa via a inflação e gerar superávit comercial para servir a dívida externa. Quanto a isso, porém, surgiu um obstáculo político incontornável. No seu discurso perante as Nações Unidas, e em sucessivos pronunciamentos internos, o presidente Sarney sustentou o princípio de que não se exigiriam sacrifícios adicionais do povo, insistindo-se na recessão, apenas para atender aos caprichos dos credores internacionais e dos ideólogos do combate ortodoxo da inflação.

Na prática, estabeleceu-se um conflito entre a Fazenda, nicho da pseudo-ortodoxia, e o Planejamento, onde se refugiavam as preocupações com o investimento e a dívida social. Graças a essa indefinição, a economia seguiu um curso de crescimento, sustentado pelas exportações em expansão e pela recuperação de renda dos assalariados, a partir da derrogação do Decreto-lei 2.064, que desde 1983 vinha funcionando como instrumento de expropriação salarial. No âmbito financeiro, contudo, o desarranjo persistia. Os três meses de correção monetária superior à inflação representaram, somente em relação à dívida pública, uma transferência de renda da ordem de Cr$ 11 trilhões do Tesouro, equivalentes na época a US$ 2 bilhões, para os donos das carteiras de títulos oficiais.

Quando a inflação se reacelerou e, por conseqüência da fórmula, a correção monetária passaria a correr numa curva inferior à da evolução dos preços, restava ao Banco Central, por coerência ideológica, compensar esse efeito por nova elevação da taxa de juros do *open*. No entanto, a mais expressiva massa financeira no passivo dos conglomerados, os saldos de caderneta de poupança, por ser remunerada a uma taxa fixa de juros, tenderia ao decréscimo. A conseqüência seria maiores desequilíbrios patrimoniais nos bancos, pelo descompasso entre remuneração contábil do ativo e do passivo. Nessa circunstância, a saída conjunta de Dornelles com a equipe que elevou à direção do Banco Central serviu para mascarar, sob um fato político banal, o fracasso absoluto de uma gestão econômica tópica e inconseqüente.

☆☆☆

Só em respeito à delicada construção de engenharia política que resultou no primeiro Governo democrático depois de 21 anos de autoritarismo é que se conteve a dissidência aberta de políticos, empresários e economistas progressistas em relação à orientação econômica inicial da Nova República. À prolongada agonia do presidente eleito seguiu-se um período de expectativas quanto aos rumos do Governo, agora que o vice era posto em definitivo, pelo acaso, no comando da República. Como o arranjo ministerial básico não mudou, o fator mais decisivo no prolongamento dessa trégua era a determinação do presidente de evitar uma política recessiva e seu compromisso com uma pauta mínima de avanços no campo do investimento social.

A indicação de Dilson Funaro para o Ministério da Fazenda marcou o início do processo que levaria à ruptura definitiva com a economia política do velho regime e com seu instrumento de ação, a política econômica regressiva. Um sinal das transformações foi emitido já na primeira semana depois da posse, quando o novo ministro monitorou uma queda fulminante de seis pontos percentuais na taxa de juros básica do mercado aberto, de 21% para 15% reais ao ano. Ao mesmo tempo, abandonava-se a fórmula de correção monetária. Ambas as medidas, e em especial a primeira, tinham o inconveniente de gerar ganhos patrimoniais relevantes para os administradores de grandes carteiras de títulos públicos, financiadas no *open*, notadamente os bancos. Eram compensadas, contudo, pelo alívio do serviço da dívida pública permitido pela redução dos juros e pela queda no valor absoluto da remuneração dos títulos públicos.

Com Funaro na Fazenda, chegou a postos-chave na direção da política econômica toda uma geração de economistas formada na Unicamp, em São Paulo, e na PUC do Rio de Janeiro. Quebrava-se dessa forma a hegemonia quase absoluta do pensamento ortodoxo no comando da economia brasileira, detida por egressos de dois santuários liberais-conservadores, a Fundação Getúlio Vargas do Rio e a USP do ex-professor Delfim Neto. A nova equipe tinha dois núcleos claramente definidos. O da Unicamp centrara suas atenções na questão financeira geral, expressa na "dolarização" da economia, no encilhamento do setor público e na desarticulação entre órbita financeira e órbita produtiva. O da PUC acumulara uma intensa reflexão sobre as características peculiares da inflação brasileira, sobretudo quanto aos efeitos de retroalimentação de aumento dos preços provocados pela correção monetária generalizada de ativos e de fluxos de renda. Para ambos os núcleos, estava fora de questão a possibilidade de tratamento eficaz da crise econômica brasileira a partir de incisões tópicas. Mas a preparação de uma reforma global exigiria tempo e, sobretudo, decisão política.

No segundo semestre de 1985, a nova equipe econômica deu partida a um programa de reordenamento da estrutura institucional do sistema financeiro. Redefiniram-se as funções das autoridades monetárias, Banco Central e Banco do Brasil, assim como do BNH, agente central do sistema de poupança habitacional. Criou-se a Secretaria do Tesouro no âmbito da Fazenda. Submeteu-se ao Congresso Nacional e foi por ele aprovada, no fim do ano, uma reforma tributária com o duplo objetivo de eliminar as distorções do sistema de cobrança de imposto de renda na fonte, de sentido nitidamente regressivo, e de elevar a carga fiscal para os que tinham condições de suportá-la.

Em essência, tratava-se de medidas de alto alcance e repercussão sobre o conjunto do sistema financeiro, que assim podem ser resumidas: 1. criação da Secretaria do Tesouro como gerente de caixa do Governo e da política de endividamente público; 2. adequação do departamento correspondente do Banco Central à função de braço executivo do Tesouro na colocação e resgate de títulos públicos, separando-se essa função, essencialmente mediadora, da função autônoma de gerência de liquidez através de operações do mercado aberto com os títulos públicos da carteira própria; 3. transferência ao Banco Central dos fundos de liquidez e de garantia de depósitos antes geridos pelo BNH, de forma a torná-lo efetivamente o banco central de todo o sistema financeiro nacional; 4. com propósito similar, cancelamento da "conta movimento" entre o Banco Central e o Banco do Brasil; deslocamento do Banco do Brasil para o Banco Central dos saldos de depósitos voluntários dos bancos comerciais apurados no sistema de compensação, com efetiva subordinação do Banco do Brasil à disciplina das reservas bancárias; 5. aumento do depósito compulsório sobre os saldos de poupança e subordinação dos depósitos à vista das caixas econômicas à disciplina das reservas bancárias.

Junto com a reforma tributária de dezembro de 1985, esses reordenamentos redefiniram os limites de atuação entre autoridades monetárias e sistema bancário, reforçando o poder disciplinador do Banco Central como gerente geral da liquidez na economia. Por certo, enquanto perdurasse a desordem inflacionária dos cruzeiros, isso adiantaria pouco. Mas foi uma preparação eficiente da reforma do cruzado. Ao se introduzir o novo padrão monetário, o Governo estava dotado dos instrumentos de controle da emissão monetária e de crédito de forma a compatibilizá-la com os objetivos gerais de política econômica, tirando o máximo proveito, quando houvesse, da estabilidade dos preços e da remonetização da economia, em favor do equilíbrio das contas públicas.

☆☆☆

Numa entrevista histórica, logo após ocupar a cadeira presidencial, o presidente Sarney mencionou abertamente a circunstância de que seu Governo herdara um caos financeiro. A disfuncionalidade básica da economia exprimia-se na deterioração das bases de financiamento do investimento geral e do gasto público. Instituída com propósitos fiscais, para proteger a receita tributária da corrosão inflacionária, e logo transformada no esteio da poupança financeira de longo prazo, a correção monetária legal generalizara-se para toda a economia como mecanismo de defesa do valor real dos ativos financeiros e dos fluxos de renda.

Já no início dos anos 70 tornara-se o centro das distorções do sistema financeiro, pela forma peculiar de operação do mercado aberto de títulos públicos. Este se institucionalizara como um balcão de picotamento de prazos de aplicações financeiras que, legalmente garantidas contra a inflação, gozavam ainda dos predicados de liquidez absoluta, rentabilidade real e garantia oficial. Essa distorção seria levada a limites extremos no processo de "estatização" da dívida pública anteriormente descrito. Continha, além disso, os ingredientes de uma iniqüidade profunda na distribuição dos fluxos de renda que se tornaram evidentes na medida em que a inflação se acelerou na virada dos anos 80.

A economia estava generalizadamente indexada, mas a aplicação da correção monetária sobre valores de patrimônio e de renda era diferenciada quanto ao tempo. E essa não-uniformidade nos períodos de reajuste embutia, essencialmente, as diferenças de poder entre os agentes envolvidos. Uma questão política de fundo revestia, pois, o funcionamento aparentemente neutro da correção. O valor do patrimônio e dos fluxos de renda financeira era atualizado diariamente, e ainda premiado com rentabilidade real na caótica operação de financiamento do giro da dívida pública pelo Banco Central. Os preços de mercadorias e serviços eram reajustados a intervalos semanais ou mensais, dependendo do poder contratual de produtores e intermediários e da menor ou maior flexibilidade dos órgãos oficiais de controle. Os saldos de caderneta de poupança eram corrigidos mensalmente. Aluguéis e prestações habitacionais variavam a cada três, seis ou doze meses. Finalmente, salários e vencimentos eram legalmente reajustados a cada período de seis meses ou um ano, caso a força concreta do poder sindical de alguma categoria mais bem organizada não impusesse intervalos mais estreitos.

Numa economia inflacionária, a expressão monetária, isoladamente, nada informa sobre os valores reais. Estes só podem ser definidos se a expressão monetária vier acompanhada de uma data. De nada adiantava dizer que uma geladeira custava 1 milhão de cruzeiros, ou que o salário de um metalúrgico era de 2 milhões, se não se completasse a informação com o mês da compra ou do pagamento. Além disso, diante da não-uniformidade nos períodos de reajustes contratuais, era necessário adicionar, no caso dos salários, uma informação sobre a data-base do dissídio da categoria. De fato, com a inflação correndo a mais de 200%, um salário de 5 milhões, logo após o dissídio, podia valer *menos* que um de 3 milhões a dois meses do reajuste legal.

Exatamente por isso seria impraticável qualquer política de controle salarial e de preços, sem o prévio alinhamento no tempo dos reajustes. Um assalariado surpreendido pelo congelamento a um mês de seu reajuste legal estaria sendo injustamente discriminado em relação aos que haviam acabado de ser reajustados. O mesmo ocorreria em relação aos preços, embora em escala menor por causa da maior freqüência dos aumentos. No entanto, o problema do alinhamento, numa mesma data, de todos os reajustes não admitia uma equação simples. As diferenças nos períodos de reajustes refletiam diferenças reais de renda, que a própria inflação se encarregava de reproduzir. Na vigência da Lei Salarial de 1979 e de seus remendos subseqüentes, em 1981 e 1983, a discriminação contra a renda dos assalariados se aplicara de forma crua e direta pela utilização de um redutor no índice de reajuste oficial. Uma vez derrogado o Decreto-lei 2.064, eliminaram-se o redutor e o sistema de reajuste em cascata – este discriminatório dos salários médios e altos. Permaneceu a discriminação quanto ao intervalo de reajustes, em relação sobretudo ao mercado financeiro, mas isso bastou para que, com o salto de patamar da inflação, prosseguisse a expropriação da renda salarial.

O alinhamento dos reajustes não era, pois, uma questão técnica simples. Não era sequer *apenas* uma questão técnica. Implicava, sim, uma aguda opção política de ruptura com um esquema institucional que tinha entre os beneficiários alguns dos condôminos do poder político.

A engenharia e a política da reforma

O efeito de realimentação da inflação pela correção monetária era um dado empírico da economia dos cruzeiros impossível de ser ignorado. As diferentes *escolas* de economistas divergiam, porém, quanto à extensão e a profundidade com que a correção legal funcionava como correia de transmissão da inflação passada para os preços futuros. Na medida em que lhe fosse atribuído um papel preponderante na sustentação do patamar inflacionário, tendia-se a subestimar a eficiência dos mecanismos convencionais de controle monetário e fiscal para domar a inflação. Isso era inaceitável para os "ortodoxos", que desde a ascensão de Mário Simonsen em 1974 até a queda do regime, 11 anos depois, sempre acharam alguma forma de instilar seus preconceitos ideológicos na condução tópica da política econômica.

O desempenho da economia do "milagre" era um dado embaraçante para a teoria da realimentação, à primeira vista. Entre 1968 e 1973 já existia a correção e, não obstante, a inflação reduziu-se em 2/3. Um exame mais detido desse período revela, contudo, circunstâncias favoráveis à contenção dos aumentos de preços que jamais se repetiriam na economia dos cruzeiros. A produção havia se expandido celeremente na base de ocupação de capacidade subutilizada; o crédito externo era abundante e barato; a política cambial sobrevalorizava o cruzeiro, permitindo um fluxo contínuo de importações baratas e comprimindo, no mesmo movimento, os preços das matérias-primas regulados pelo mercado internacional em baixa.

Tudo isso permitiu, para espanto dos "ortodoxos", que a inflação despencasse a despeito da expansão do crédito, no mesmo período, a uma taxa anual da ordem de 30%. Com antecipação de uma década, estávamos num autêntico festival de economia de oferta antes que *reaganomia* lhe viesse dar *status* e prestígio internacional. Só que aqui, diferentemente do experimento norte-americano, a oferta resultou dos estímulos de crédito farto e barato, e não do corte da carga tributária de empresas e indivíduos, do déficit comercial escancarado ou apenas da importação de capitais do resto do mundo.

Além disso, os salários estavam firmemente controlados por uma fórmula de reajuste que incorporava a inflação futura, mas subestimando-a, e que assim mesmo era aplicada a intervalos anuais. Anuais eram também reajustes de prestações habitacionais e de aluguéis. E a correção dos saldos de caderneta de poupança, que fora semestral nos primórdios do sistema, ainda tinha freqüência trimestral. Dessa forma, todos os fluxos de renda eram indexados. Alguns, porém, eram mais indexados que outros, diferenciados pela taxa e pelo intervalo da correção. As aplicações no *open* já tinham o privilégio da correção diária. Mas os salários e outras formas de renda, cujos titulares tinham pouco poder de pressão ou estavam politicamente jugulados, podiam pagar a conta da queda da inflação sem maiores contratempos.

A partir de meados da década de 70, mudaram radicalmente as condições do crédito internacional e dos mercados de matérias-primas. Subiam os juros e os preços externos. Deprimia-se o investimento privado. Em 1979, com a inflação acelerando-se, surgiu a lei dos reajustes semestrais de salários. Os agentes com poder de barganha impunham, a seu turno, intervalos cada vez mais estreitos nos seus contratos. Passou-se a negociar em ORTN ou, mais descaradamente, em dólar. Nessas condições, a correção monetária tornou-se um instrumento de sustentação e de ampliação no futuro dos níveis inflacionários do passado. No jargão dos economistas da PUC, posto em circulação sobretudo a partir de 1984, a correção era o condutor central da inflação "inercial".

Não era uma tese aceita pacificamente. Nem podia ser. O conceito de inflação inercial implica uma relativa neutralidade da inflação quanto à distribuição da renda. É como se a correção monetária, legal ou informal, produzisse os ajustes de receita na conta certa para permitir aos diferentes agentes manter sua participação na renda nacional. Se assim acontecesse, a inflação permaneceria sempre num mesmo patamar, nem baixando, nem subindo, mas também não provocando transferências de renda intra e entre classes econômicas.

De 1982 para 1983, a inflação dobrou de patamar, e não havia portanto como falar de inflação inercial. Entre 1983 e 1984, porém, ela se manteve num nível estável, embora elevado. À primeira vista isso sugeria a dança "inercial" da elevação de preços, para compensar os aumentos de custos, que por sua vez apenas compensavam a inflação passada. Contudo, a realidade era bem diversa. Os salários estavam sendo submetidos a um brutal arrocho desde o Decreto-lei 2.064, de 1983. A política cambial agressiva acelerava os preços dos produtos importados e dos exportáveis. A taxa de juros mantinha-se em níveis elevados, mas mesmo essa aparente inércia não era neutra quanto à distribuição da renda, na medida em que o produto caiu em 1983 e a recuperação foi apenas moderada em 1984.

Sob o véu da inflação inercial processavam-se, de fato, grandes transferências de renda da classe assalariada para as empresas e destas, via mercado aberto, para os rentistas do mercado financeiro. Além disso, o crescente superávit comercial aplicado no pagamento do serviço da dívida externa implicava uma pressão adicional de transferência de recursos reais, neste caso do conjunto da economia para o exterior. Na ausência de uma estrutura de financiamento interno do superávit comercial, a cobertura em cruzeiros do serviço da dívida devia ser feita por expansão monetária ou da dívida interna, da qual em condições recessivas, a inflação era o efeito inexorável, mas de forma alguma "inercial".

Por isso as propostas iniciais de ataque ao processo inflacionário pela desindexação da economia, oriundas da PUC do Rio, eram encaradas com justificado ceticismo. A condição de viabilidade tanto do "choque heterodoxo", sugerido pelo professor Francisco Lopes, quanto da "desindexação pela indexação da moeda", de André Lara Rezende, era a existência de uma inflação "inercial", na ausência de déficit operacional no setor público. Quanto a este, era mera hipótese de trabalho que aparentemente levava a sério as reiteradas cartas de intenções submetidas pela equipe econômica de então ao FMI, com a garantia de que o déficit operacional estava zerado. Mas as cartas de intenções tinham o nível de credibilidade dos signatários, e a questão do déficit público, sempre nebulosa para a opinião pública, tinha de fato sido agravado com a política Dornelles de congelamento de Tarifas e elevação dos juros.

☆☆☆

Foram os arranjos institucionais dos bancos públicos e a reforma tributária promovidos no final de 1985 que materializaram as condições para o "choque". A fronteira externa estava coberta. O superávit comercial consolidara-se, beneficiando-se não só da queda dos juros e dos preços do petróleo, como da sustentação das exportações. Pela primeira vez depois da eclosão da crise da dívida o Brasil pôde pagar os juros sem recorrer a dinheiro novo do sistema bancário internacional. A despeito da drenagem de recursos para o exterior, da ordem de 5% do produto, a economia se expandira à taxa de 8%, o desemprego aberto reduzira-se e aumentara o salário médio na indústria, assim como o consumo. Portanto, pagava-se o serviço da dívida, mas sem sacrifício adicional dos trabalhadores, como indicara a intuição política do presidente no seu discurso na ONU.

É verdade que as transferências para o exterior reduziam drasticamente a capacidade de investimento interno. Assim mesmo, a taxa efetiva de poupança da economia começou a se recuperar. Por efeito da reforma tributária – que antecipou a cobrança do imposto de renda das empresas mais lucrativas, reduziu o recolhido na fonte dos assalariados e diferiu a restituição do pago antecipadamente – surgiu um superávit na execução de caixa do Tesouro em janeiro, da ordem de Cr$ 14 trilhões, e novamente em fevereiro, de cerca de Cr$ 3,8 trilhões.

Restava a inflação. Mas não uma inflação qualquer. Em janeiro, o Índice Geral de Preços da Fundação Getúlio Vargas acusou alta de 17,8%, um recorde histórico. A inflação em bases anuais também atingia a marca recorde de 250,4%. Havia razoáveis justificativas técnicas para isso, notadamente os efeitos de desastres climáticos sobre os preços de matérias-primas agrícolas. Nenhuma, porém, capaz de afastar de forma convincente os fantasmas da hiperinflação. Quando, em fevereiro, o índice bateu no nível ligeiramente menor mas igualmente assustador de

15%, esticando a inflação anual para 265,8%, as autoridades econômicas se convenceram de que não havia mais espaço e tempo para o tratamento convencional da crise.

A partir de abril começariam as grandes campanhas salariais dos metalúrgicos paulistas. O movimento pelo reajuste trimestral automático já estava nas ruas. Ganhara a adesão do próprio PMDB, partido majoritário da Aliança Democrática, cujo diretório, reunido em Brasília nas vésperas do anúncio do cruzado, que era ainda mantido em sigilo, decidira encampar a tese da trimestralidade. A proposta alternativa de adoção da escala móvel de salários, com um disparador acionado quando a inflação atingisse o nível de 30% a partir do último reajuste – o que, em termos práticos, corresponderia não à tri mas à bimestralidade –, estava igualmente em debate. Curiosamente, não empolgara o movimento sindical.

Em qualquer hipótese, porém, era inevitável a redução dos intervalos legais de reajustes automáticos dos salários. Com a inflação na casa dos 250% anuais, os salários estavam perdendo quase metade de seu valor (46,5%) ao longo do semestre. No entanto, era inevitável também que as empresas reagissem à massificação da trimestralidade radicalizando os aumentos de preços. A situação tendia a escapar do controle, na escala que levara a vizinha Argentina a adotar o plano austral. Lá, evitara-se a hiperinflação, embora sem que o país conseguisse sair da recessão. Entre nós, firmava-se a convicção de que partiríamos de premissas externas e internas mais favoráveis. Com realismo, podia-se esperar a conciliação de estabilidade e crescimento a partir do "choque" à brasileira.

A equipe de formulação do cruzado elaborou, em sigilo, um programa de impecável consistência técnica quanto aos critérios de conversão dos valores para a nova moeda. Partira do princípio de que o trânsito na direção do novo padrão monetário deveria ser, o quanto possível, neutro em relação à distribuição prévia dos fluxos de renda no período padronizado básico dos reajustes salariais. Era a forma de cortar, de um golpe, a inflação "inercial" e eliminar tensões inflacionárias futuras. Esse princípio, de grande coerência na sua simplicidade, tinha óbvios inconvenientes políticos, como o da redução de salários *nominais* que atingiria algumas categorias. Era preciso uma consciência clara da eqüidade fundamental do plano, de segurança quanto aos resultados e do sentido de urgência e da falta de alternativas para que pudesse ser adotado. O presidente Sarney teve essa consciência e a necessária coragem política de tomar a decisão.

Os pontos críticos da conversão

Em essência, a reforma de fevereiro consistiu no alinhamento dos salários pelo seu valor real médio dos últimos seis meses, adicionando-se um abono geral de 8% e um aumento de 15% para o salário mínimo; na conversão das obrigações sem cláusula de correção monetária, de cruzeiros para cruzados, mediante aplicação de uma tabela de desconto que tem implícita a inflação da data do decreto, projetada até a maturação da dívida; e no congelamento geral de preços. As obrigações com correção monetária foram atualizadas até 28 de fevereiro e, assim como os saldos de depósitos à vista e a própria moeda manual, convertidas de cruzeiros para cruzados à taxa de 1 mil por 1. Extinguiu-se o efeito legal da correção monetária, exceto para a Obrigação do Tesouro Nacional de no mínimo um ano de prazo e para os saldos de caderneta de poupança, neste caso rebatizada de "seguro contra a inflação".

No que tange ao realinhamento salarial, para efeito de fixação de seu valor na nova moeda, seria inconsistente a utilização de um índice básico de reajustes que compensasse toda a inflação do período anterior. Como os preços ficariam congelados, a aplicação desse critério implicaria um aumento real da massa de salários incompatível com a distribuição corrente dos fluxos de renda na economia. Num ambiente inflacionário, muitas empresas podiam absorver aumentos de sua folha salarial que até superassem, no primeiro ou segundo mês de um orçamento de seis meses, sua receita operacional imediata. Tinham, porém, a expectativa da elevação dos preços de seus produtos ou serviços, de forma que, antes de um novo reajuste salarial, a receita já teria superado os custos e assegurado a recomposição da margem de lucro.

Para o assalariado individual, a restauração do valor do salário ao nível real máximo do último reajuste só prevalecia, obviamente, no primeiro mês. Na medida em que a inflação continuava o valor efetivo do salário, isto é, seu poder de compra decrescia proporcionalmente. O salário mensal efetivo dependia, pois, da inflação ocorrida entre dois reajustes e era aproximadamente igual à média entre os salários reais do primeiro e do último mês do semestre antes do reajuste legal. Por certo que, sempre que a inflação de um semestre fosse maior que a do semestre anterior, mais decaía o valor real de um salário que estivesse sendo reajustado estritamente de acordo com os índices de inflação.

Esse ponto foi subestimado ou ignorado pelos isolados detratores políticos da reforma monetária. Na vigência de uma regra legal que determinava reajustes automáticos de salários, a cada seis meses – e desde que, já na Nova República, admitiu-se como base desses reajustes a variação integral do INPC, sem "expurgos" implícitos ou explícitos – o determinante na formação do valor efetivo dos salários passou a ser a inflação futura. E como a inflação se acelerava, era inevitável um processo de perda cumulativa de salários caso não houvesse a reforma de fevereiro, que tornou possível o congelamento de preços.

Outro ponto fundamental, igualmente mal-compreendido, é que a reforma não visou melhorar ou piorar a distribuição da renda nacional entre salários e lucros – embora, inequivocamente, os abonos tenham favorecido a distribuição em favor da massa salarial. O objetivo central, ao contrário, era evitar a retomada da guerra distributiva de caráter inflacionário. É claro que algumas empresas tiveram um impacto de custo na folha salarial menor do que esperavam pela sistemática anterior. Outras tiveram de antecipar despesas salariais por força do alinhamento em março dos salários. O alinhamento pela média, contudo, assegurava a preservação de uma margem de lucro para ambos os grupos, compatível com o congelamento posterior dos preços e com a desindexação.

☆☆☆

No entanto, a conversão dos salários pelo valor médio dos últimos seis meses, na passagem para o cruzado, só poderia ser admitido como método realmente justo se de fato não houvesse mais inflação. Do contrário, os salários continuariam a ser corroídos na proporção da elevação dos preços em cruzado, e a partir de um patamar mais baixo do que lhes assegurava o sistema de reajuste automático da legislação antiga. Como a decretação pura e simples do congelamento não assegurasse, por si, o fim da inflação, a reforma adotou o sistema de escala móvel de reajuste.

O ponto da escala inflacionária que determinará, na economia do cruzado, o reajuste automático, fazendo o salário voltar ao seu valor real de 1º de março, também não foi uma escolha causal. Houve, novamente, certa dose de preciosismo técnico contornando dificuldades políticas. O Governo decidira-se pela concessão de um abono geral, que beneficiou indiferentemente a todos os assalariados, e atenuou em parte a queda do valor nominal dos salários das categorias com reajustes legais em janeiro e fevereiro. Fixado em 8%, esse abono era aproximadamente metade do que fora a inflação de fevereiro. Aplicado aos salários em cruzados, representou a compensação antecipada pela perda salarial que vier a ocorrer com a inflação até atingir o nível de 20% na nova moeda, quando se disparará o reajuste automático da escala móvel.

Com efeito, para uma inflação de 20%, medida em qualquer período de tempo, a perda de valor real de uma unidade salarial de valor nominal constante será de 16,66%. Admitindo-se uma inflação uniforme, mês a mês, o abono garantirá que o salário, ao longo da metade desse período, fique acima do valor médio real apurado em 1º de março. Isso compensará matematicamente a perda que ocorrerá na segunda parte do período inflacionário.

Houve sugestões para que se diferenciasse o abono, de sorte que um índice proporcionalmente maior fosse aplicado aos salários que acusassem queda nominal no processo de conversão. Para resguardar a coerência do modelo de conversão, seria necessário que um índice menor ou nulo se aplicasse aos salários que teriam aumento nominal. Talvez fosse politicamente mais conveniente, sobretudo quando se sabia que categorias profissionais com real capacidade de mobilização ou de influência na opinião pública, como as dos bancários e jornalistas, teriam redução nominal de salários. Assim mesmo, optou-se pelo critério técnico da média geral e do abono isonômico.

A ampla aceitação obtida pelo programa junto à opinião pública – conseqüência, sem dúvida, da credibilidade que lhe conferiu o empenho pessoal do presidente da República no resguardo do congelamento dos preços, com apoio decisivo dos meios de comunicação líderes – diluiu as resistências objetivas e sufocou, num primeiro momento, as reações de cunho psicológico. É fato que contribuíram para isso algumas circunstâncias fortuitas. Fevereiro é um dos meses do ano em que há menos dissídios na indústria, e portanto foi relativamente pequena a proporção dos trabalhadores que tiveram redução de salário nominal. Além disso, mais de 11 milhões de aposentados e pensionistas da Previdência Social, que desde 1980 vinham tendo sistemáticas reduções de seus magros proventos, haviam sido reajustados em novembro. Em conseqüência, tiveram antecipação do aumento nominal em março. É difícil imaginar qual teria sido sua reação se tivesse havido queda no valor nominal dos benefícios.

Embora não tenha sido desenhado para suprimir, de vez, as injustiças distributivas, o plano cruzado recolocou a economia em condições de crescimento, criando um dique de proteção ao valor real dos salários, já que os lucros só podem subir com a expansão das vendas e não dos preços. Estes é que estão congelados, não os salários. Isso significa que o programa de estabilidade paralisa temporariamente o poder dos empresários de forçar as margens desejadas de lucro para cima à custa do achatamento salarial. Na verdade, os salários podem e estão evoluindo de acordo com a produtividade, com a força sindical das diferentes categorias e com a capacidade das empresas de absorverem custos sem repassá-los aos preços. Como em qualquer país democrático sem inflação, por sinal.

Justamente por força do aumento real dos salários, explodiu o consumo nos primeiros meses do cruzado, sustentando-se ainda num nível que praticamente esgotou a capacidade produtiva na maioria dos setores industriais. O desemprego gerado pela longa recessão de 81-83, e que resistia à recuperação de 84-85, foi totalmente reabsorvido e há sinais claros de escassez de mão-de-obra, especializada ou não. Ao contrário de ensaios similares de estabilização econômica em outros países, como Argentina e Israel, o cruzado acelerou o crescimento em vez de produzir recessão. Por certo, isso coloca novos e agudos problemas – como o do financiamento de investimento necessário para equilibrar a pressão de demanda, sobretudo no setor privado, desinflando o balão da inflação latente.

O lado financeiro da reforma

Houve outra dimensão da atividade econômica para a qual a reforma monetária não foi neutra. Trata-se das relações de débito e crédito ou, mais genericamente, dos patrimônios representados por títulos financeiros. A passagem do cruzeiro para o cruzado implicou, a esse respeito, completa ruptura com o padrão de expropriação da renda do trabalho e da atividade produtiva em favor de renda financeira, que era imposto pelo sistema de correção monetária generalizada. Nos contratos com correção monetária postecipada – isto é, quando a obrigação era corrigida mediante aplicação de um índice correspondente à inflação ocorrida durante sua vigência –, o Decreto-Lei determinou a atualização dos valores até a data da reforma, pelo índice legal da correção, com a repactuação, daí por diante, da taxa de juros.

Grande parte dos contratos, contudo, e um montante nada desprezível de títulos financeiros (notadamente certificados de depósito bancário e letras de câmbio) tinham correção monetária prefixada. Portanto, antecipavam a inflação futura, que podia estar acima ou abaixo da real e ficava embutida no valor fixo das prestações ou do resgate do crédito. No momento da reforma a inflação estava se acelerando, o que significa que, para muitos contratos vigentes, a inflação antecipada seria inferior à real. A reforma validou as taxas pactuadas, em cruzeiros, mas estabeleceu uma tabela de conversão de cruzeiros para cruzados, a fim de ser usada no momento do pagamento das prestações ou do resgate, que embute uma inflação mensal de 14,5%.

Naturalmente, se a rentabilidade do título ou o custo da obrigação contratada era superior a 14,5% ao mês, o aplicador continuará ganhando uma margem real, com o cruzado, e o devedor pagará juros reais. Se era inferior, o credor será expropriado na proporção da diferença e o devedor se beneficiará. Este era, por certo, o efeito mais geral, pois uma inflação mensal de 14,5% equivale a uma taxa anual de 407,8% – nível de taxa de juros que já estava sendo praticado e até ultrapassado, episodicamente, mas que ainda não se havia generalizado.

Embora moral e politicamente defensável, a expropriação do credor em benefício do devedor não foi adotada por motivos piedosos. Era, de fato, o método mais simples de não provocar desequilíbrios patrimoniais no sistema bancário e financeiro. Estando nas duas pontas das relações de débito e crédito, como credora por empréstimos realizados e devedora por títulos emitidos, a instituição financeira atua como intermediário do devedor na "expropriação" do credor final determinada pela reforma. Nessa relação, salva sua margem de lucro contratual.

Isso, curiosamente, não chegou a ser bem compreendido. Daí uma excessiva preocupação com a saúde financeira dos bancos, após a reforma, que contribuiu para sustentar a taxa real de juros num nível injustificadamente elevado para uma economia sob congelamento geral de preços e contenção salarial. Por certo os bancos perderam o lucro inflacionário com a estabilidade monetária. Mas os depósitos à vista, base desse lucro, correspondiam a menos de 10% do passivo nos bancos privados e só no Banco do Brasil alcançavam a casa dos 20%.

A parte mais relevante dos empréstimos se apoiava em crédito externo, depósitos a prazo, caderneta de poupança ou aplicações de curtíssimo prazo. As condições de captação desses fluxos não se alteraram com o cruzado, e se tivesse de haver uma alteração deliberada deveria ser no sentido da redução dos custos. Igualmente não se alteraram, de imediato, as condições dos empréstimos. Portanto, em relação a todo o passivo que não fosse depósito à vista, as margens do sistema bancário estavam preservadas. E quanto à perda em profundidade do lucro inflacionário, ela deveria ser, ao menos em parte, compensada pela previsível e afinal verificada expansão dos saldos de depósito à vista, que em geral triplicaram de março a maio, substituindo passivo caro (em especial, aplicações no *open*) por passivo a custo zero.

Se havia dúvidas quanto à saúde financeira dos bancos após o cruzado, elas desapareceriam com as publicações dos balanços semestrais a partir de julho. O Bradesco, o maior entre os privados, mais uma vez saiu na frente exibindo um lucro de Cz$ 1,5 bilhão, equivalente a 26% de seu capital social. Aproximadamente metade desse valor resultou de receita por serviços bancários, cujos custos haviam sido reajustados em atenção à presumida fragilidade do sistema. Tornou-se óbvio que nada justificava, do ponto de vista estrito da estabildade das instituições financeiras, a manutenção das taxas básicas de juros em níveis tão altos como os sustentados pelo Banco Central.

☆☆☆

O plano cruzado não pretendeu ser a chave mágica para a solução do problema da distribuição da renda nacional. Não foi, igualmente, o conduto de uma reforma estrutural do sistema bancário e financeiro ou a solução para o problema da dívida externa. Contudo, estabeleceu as condições indispensáveis, que estavam ausentes na caótica economia inflacionária dos cruzeiros, para que se tomem iniciativas eficazes nessas três direções. Ao neutralizar a parte inercial da inflação, reprimir as expectativas aceleracionistas e eliminar a correção monetária generalizada, o plano aumentou o grau de visibilidade dos fluxos de renda na economia e permite, sobretudo quanto ao setor público, e pela primeira vez depois de anos de absoluto descontrole, a elaboração e execução de orçamentos realistas, que sirvam de fato como instrumento de política econômica.

Não é que tivesse que dar certo. A reforma monetária era essencialmente necessária. Autojustificava-se. Alguém lembrou o ato de libertação da escravatura, no ocaso do Segundo Império, estabelecendo um paralelo justo e ilustrativo. Mas se podia falar também da Proclamação da Independência. É um ato político acabado. O cruzado representa a introdução de uma nova linguagem das relações econômicas e sociais no Brasil, depurada da perversão a que se submetera o idioma anterior. Deu certo na origem, por substituir o que já não prestava, oferecendo uma base mínima de eficácia para uma nova política econômica. Naturalmente, não resolveu, por si, os problemas da economia brasileira. Mas por certo removeu os principais obstáculos para sua solução. É a porta de saída do caos.

Sobre os Autores

MARIA DA CONCEIÇÃO TAVARES, portuguesa de origem, 55 anos, licenciada em matemática pela Universidade de Lisboa, veio para o Brasil em 1954, naturalizando-se brasileira em 1957. Formou-se em economia, em 1960, na Universidade Federal do Rio de Janeiro (UFRJ), tendo ingressado nos quadros do magistério em 1961. É professora titular da UFRJ e da Unicamp (Universidade de Campinas).

Como pesquisadora e funcionária pública, serviu primeiro no INIC (1955-58), no BNDE (1958-60) e depois na CEPAL-Nações Unidas, no Brasil, Chile e México, até 1974. A partir daí dedicou-se basicamente ao ensino e pesquisa universitários. Foi fundadora do primeiro curso de pós-graduação em economia da Unicamp (em 1973) e do curso de pós-graduação em economia industrial da UFRJ (em 1978). Foi professora visitante e conferencista em várias universidades no exterior e é autora de dezenas de artigos e trabalhos dispersos em revistas nacionais e internacionais. Uma das poucas compilações editadas em seu nome, em português, deve-se ao esforço da Editora Zahar que, em 1972, reuniu sob a forma de livro alguns de seus artigos sob o título *Da Substituição de Importações ao Capitalismo Financeiro*, hoje na 11ª edição. Colaborou como organizadora em vários textos acadêmicos ou de divulgação científica e, a partir da abertura política, em 1978, dedicou-se com paixão ao movimento de renovação dos economistas, tendo sido fundadora e depois presidente do IERJ (Instituto de Economistas do Rio de Janeiro). Em 1980, ingressou nos quadros do PMDB, partido do qual é militante até hoje.

Conhecida pelo seu aguçado espírito crítico, ela mesma dá a seguinte explicação para a sua carreira combativa e heterodoxa: "Fui aluna aplicada de Bulhões e Campos na década de 50 e discípula atenta de Prebish, Furtado e Aníbal Pinto na década de 60. Assim, acompanhei de perto o pensamento dos maiores expoentes do pensamento liberal-conservador brasileiro e reformista latino-americano. Vivi com paixão e rigor crítico os sucessos e os fracassos de ambas as correntes, já que fui aluna, colega ou professora de três gerações de quadros dirigentes brasileiros e latino-americanos. Apesar de minha conhecida militância na corrente progressista, a paixão nunca me cegou a razão: crítica e autocrítica. Por isso, minha luta pelo ensino livre e pelo livre debate de idéias tem sido o meu cotidiano, que espero carregar com fé até a morte."

JOSÉ CARLOS DE ASSIS é mineiro de 36 anos, jornalista e economista. Trabalhou como redator e repórter econômico no *Jornal do Brasil*, na década de 70, escrevendo também para outros grandes jornais e publicações especializadas em economia. A partir de 1980, trabalhou como repórter econômico da *Folha de S. Paulo*, tendo denunciado os escândalos da Delfin/BNH – o que lhe valeu o Prêmio Esso de reportagem de 1983 –, do grupo Coroa-Brastel e da Capemi/Tucuruí. Neste último caso, por ter mostrado as vinculações entre a fraude da Capemi e operações encobertas do SNI, sofreu uma das últimas tentativas de processo contra jornalista, por parte do regime autoritário, ao amparo da famigerada Lei de Segurança Nacional – posteriormente reformada. Em 1985, voltou a trabalhar como repórter econômico do *Jornal do Brasil*. Autor dos *best-sellers*: *A chave do tesouro – Anatomia dos escândalos financeiros no Brasil* (1983), *Os Mandarins da República – Anatomia dos escândalos na administração pública* (1983) e *A dupla face da corrupção* (1984), todos publicados pela editora Paz e Terra.